MANAGEMENT:
DU
CHAOS
AU
SUCCÈS

MANAGEMENT:
DU
CHAOS
AU
SUCCÈS

30 défis pour tout changer

SCOTT JEFFREY MILLER

Vice-président exécutif, FranklinCovey

mango

CORAL GABLES

Publié par Mango Publishing, un département de Mango Publishing Group, Inc.

Graphisme de couverture : FranklinCovey Creative Lab et Jermaine Lau
Maquette et mise en page : FranklinCovey Creative Lab et Jermaine Lau
Traduction en français: Laure Valentin et M.J. Fievre

Pour toute demande de permission, veuillez contacter l'éditeur :

Franklin Covey Co.
2200 W. Parkway Blvd.
Salt Lake City, UT 84119 USA
Attention: annie.oswald@franklincovey.com

Pour des commandes spéciales, achats en grande quantité, formations et ventes institutionnelles, veuillez écrire à l'éditeur à : sales@mango.bz. Pour toutes les questions de distribution, veuillez contacter Ingram Publisher Services à : customer.service@ingramcontent.com ou au +1.800.509.4887.

Management Du Chaos Au Succès : 30 Dèfis Pour Tout Changer

Numéro au catalogue de la Library of Congress : 2021947975

ISBN : (imprimé) 978-1-64250-778-2, (numérique) 978-1-64250-779-9

Code de classification BISAC : BUS042000, BUSINESS & ECONOMICS / Management Science

Imprimé aux États-Unis d'Amérique

TABLE DES MATIÈRES

PARTIE 3 :
OBTENIR DES RÉSULTATS

UN DERNIER MOT :
ET LA PERSONNALITÉ DANS TOUT ÇA ?

INTRODUCTION

Je suis fier de vous. Vous êtes audacieux, et même courageux. Vous tenez un livre avec les mots « management » et « chaos » bien en évidence sur la couverture. Vous vous fichez que les gens à proximité – peut-être dans un train ou un avion, dans la file d'attente d'un Starbucks ou parmi vos collègues de bureau – puissent vous voir avec un tel livre et vous associer immédiatement au mot « chaos ». Vous auriez aisément pu vous afficher avec un autre titre en mains : *Le Poids de la perfection*, *Petit Guide pour leader de génie* ou encore *Devenir plus grand que grand*... Les gens seraient certainement impressionnés de vous voir lire un tel livre. Mais ce n'est pas moi, et je pense que ce n'est pas vous non plus. Je n'ai pas fréquenté d'école prestigieuse et je ne consulte pas de volumes universitaires pompeux sur les dernières théories de management en vogue. Je suis passé par les tranchées du leadership. Je n'avais aucune idée de ce que je faisais, mais j'avais suffisamment d'ambition et de motivation pour continuer, même lorsque j'échouais... et croyez-moi, l'échec a souvent été au rendez-vous.

J'ai écrit ce livre pour ceux qui pensent ne pas avoir été parfaitement préparés pour le leadership, ceux qui ont un peu de « chaos » en eux, que cela provienne d'une origine modeste, d'un manque d'expérience ou de formation, ou de tout cela à la fois. Il y a certainement dans mon entourage des gens qui estiment que je suis le moins bien placé pour écrire un livre comme celui-ci, peut-être parmi ceux qui le lisent en ce moment même. Alors pour lever toute ambiguïté dès le départ, que les choses soient bien claires :

J'ai une personnalité intense qui crève souvent le plafond. J'ai été méchant, dans ma vie, mesquin, égoïste et égocentrique. J'ai fait pleurer de très bonnes personnes, j'ai sans doute poussé des associés de talent à quitter mon entreprise et, malheureusement, j'ai parfois usé de ma position et de mon tempérament pour dénigrer, rabaisser et amoindrir les contributions des autres. Malgré cela, sous ma direction, mon service avait la réputation d'être incontournable pour quiconque souhaitait connaître une carrière épanouie et affûter ses compétences. Beaucoup me comptent parmi leurs amis proches et je suis le genre de type que vous pouvez appeler à n'importe quelle heure pour vous sortir de prison, vous tirer d'une impasse ou toute autre urgence. Je suis aussi celui qui garde une bouteille de champagne au frais, prête à être sabrée pour les invités impromptus. Je suis un mari respectable et un père attentionné ; un gagnant, un soutien et un mentor pour de nombreux collègues qui ont connu un succès extraordinaire dans leur carrière. Dieu m'a fait don de quelques talents que je m'efforce d'utiliser et de sublimer (l'humilité n'en fait pas partie). Je suis, en somme, un être humain : j'ai des défauts et des compétences, des échecs et des triomphes.

Si vous êtes un compagnon de route sur le chemin du leadership, c'est pour vous que j'ai écrit ce livre. Il s'agit du reflet de mes expériences, erreurs comme réussites, à l'épreuve du monde réel. Elles ont été modelées, validées et souvent rectifiées par une expertise approfondie et le leadership éclairé de nombreux collègues, amis et mentors de chez FranklinCovey. J'ai eu la chance d'atterrir chez FranklinCovey, qui met sa connaissance en béton armé sur les questions de management et de leadership au service des entreprises du Fortune 5000 et au-delà, dans le monde entier. Ainsi, tout en gravissant les échelons non sans dégringoler parfois, je n'ai pas pu m'empêcher de m'inspirer des principes et des pratiques que les leaders les plus performants appliquent avec succès. Ces connaissances éprouvées (dont beaucoup sont mentionnées dans ce livre) ont permis au leader imparfait que j'étais de devenir cadre supérieur.

J'admets volontiers que le leadership n'est pas toujours gratifiant. Cela peut ressembler à un puits sans fond, avec des problèmes à résoudre constamment et des adultes à surveiller comme le lait sur le feu. Le leadership est épuisant, répétitif, et mobilise en permanence vos capacités émotionnelles et intellectuelles. C'est un travail qui exige que vous soyez toujours partant, car l'on attend de vous que vous ayez toutes les bonnes réponses et que vous preniez toutes les bonnes décisions, souvent au débotté. La plupart du temps, pour être honnête, je n'apprécie pas franchement. Mais cela ne veut pas dire que le leadership n'est pas important. Bien au contraire. Ce sont souvent les points qui nous causent le plus de problèmes qui rapportent le plus (personne ne boit de smoothies au chou frisé parce que c'est délicieux). Ne culpabilisez pas d'admettre que le leadership peut être difficile et désagréable, par moments. Nous cheminons ensemble sur cette route. Mais le succès dans ce domaine peut être de nature à bouleverser votre vie.

Peut-être le leadership n'a-t-il jamais été une vocation pour vous, aussi ambitieux et brillant que vous soyez. Peut-être êtes-vous la première personne de votre famille à faire des études supérieures, sans parler de siéger en conseil d'administration. Il est possible aussi que vous n'ayez jamais fréquenté d'université. Peut-être êtes-vous une femme qui se hisse au sommet d'un secteur dominé par les hommes, ou encore un vétéran qui commence tout juste à se frayer un chemin dans le monde des affaires en s'appuyant sur des expériences et des modes de leadership radicalement différents. En un mot, que l'on vous demande de diriger les mêmes personnes qui, quelques jours plus tôt, étaient encore vos équivalents hiérarchiques, ou que vous soyez un jeune diplômé prometteur chargé de diriger quelqu'un comme *moi*, ce livre s'adresse à vous. En fait, il est destiné à tous ceux qui abordent le leadership avec un sentiment de malaise, une appréhension ou la crainte de se sentir exclu.

Bien sûr, en management, personne ne connaît que le « chaos » absolu, tout comme personne n'est constamment couronné de « succès ». Nous formons un ensemble varié de talents et de craintes, qui s'expriment au travers des décisions que nous prenons au quotidien. J'ai écrit ce livre pour étoffer ces talents, écarter les craintes qui nous limitent et promouvoir de meilleures décisions de leadership. Pour y parvenir, vous trouverez 30 défis, affinés par FranklinCovey après des années de recherche et de développement, des dizaines de milliers de mises en pratique par des clients et d'innombrables missions de coaching. Je mentionne au fil du texte les différents leaders éclairés et spécialistes à l'origine de ces défis, qui vous font bénéficier de leur sagesse, leur expertise et leurs conseils pratiques sur une période de plus de quatre décennies. Je mets également en lumière des personnes qui m'ont marqué comme exemples de tel ou tel principe, et je vous raconte les histoires de celles qui ont basculé dans le chaos managérial, tout en modifiant les noms et les identités, sauf s'il s'agit de moi (et selon ma femme, c'est bien trop fréquent pour un ouvrage de cette taille).

Les défis de ce livre feront de vous un meilleur leader et sont organisés en trois parties : « Être un leader pour soi-même » (Défis 1-8), « Être un leader pour les autres » (Défis 9-21), et « Obtenir des résultats » (Défis 22-30). Si savoir que j'ai appris ces nombreuses leçons de leadership à la dure ne vous décourage pas, et si vous êtes prêts à examiner ces principes à la lumière du monde réel, je vous invite à prendre chacun d'entre eux à cœur. Vous pouvez les lire dans l'ordre, de 1 à 30, ou vous rendre directement aux sujets qui font tout particulièrement écho en vous en ce moment. À la fin de chaque défi, vous trouverez des conseils pour passer « du chaos au succès ». À vous de décider comment les mettre en œuvre : choisissez-en un par jour, si vous vous en sentez capable, ou un par semaine. Quel que soit votre rythme, faites de votre mieux pour adapter les défis du livre à votre rôle de leader dans le monde réel.

Alors, n'ayez pas peur que vos collègues vous voient lire un livre avec « management » et « chaos » sur la couverture. Ouvrez-le pendant le déjeuner et asseyez-vous fièrement en face de votre patron ! Parce que les principes et les pratiques qui y figurent proviennent des plus grands noms et des plus brillants cerveaux du leadership. Utilisez mes expériences auprès d'eux comme un raccourci, une mise en garde ou une compétence à adopter. Je vous préviens, je ne retiens pas mes coups. Et puisque vous n'êtes qu'à trente défis du succès dans cette aventure que l'on appelle le leadership (bye bye le chaos), en avant !

PARTIE 1 :

ÊTRE UN LEADER POUR SOI-MÊME

Jour 1 Faire preuve d'humilité	**Jour 2** Penser avec abondance	**Jour 3** Commencer par écouter	**Jour 4** Déclarer ses intentions	**Jour 5** Prendre et tenir ses engagements
Jour 6 Incarner sa propre météo	**Jour 7** Inspirer la confiance	**Jour 8** Créer un équilibre entre vie professionnelle et vie privée	**Jour 9** Attribuer les bonnes fonctions aux bonnes personnes	**Jour 10** Consacrer du temps aux relations
Jour 11 Revoir ses paradigmes	**Jour 12** Affronter les conversations difficiles	**Jour 13** Parler avec franchise	**Jour 14** Être courageux sans manquer de tact	**Jour 15** Faire preuve de loyauté
Jour 16 Favoriser la vérité en toute sécurité	**Jour 17** Redresser les torts	**Jour 18** Être un coach permanent	**Jour 19** Protéger son équipe contre les urgences	**Jour 20** Mettre en place des entretiens individuels réguliers
Jour 21 Permettre aux autres d'exercer leur intelligence	**Jour 22** Créer une vision	**Jour 23** Identifier les objectifs résolument prioritaires	**Jour 24** Aligner les mesures sur les objectifs résolument prioritaires	**Jour 25** Entretenir des méthodes pertinentes
Jour 26 Produire des résultats	**Jour 27** Fêter les victoires	**Jour 28** Prendre des décisions de grande valeur	**Jour 29** Accompagner le changement	**Jour 30** Devenir meilleur

DÉFI 1 :

FAIRE PREUVE D'HUMILITÉ

Votre manque d'humilité a-t-il déjà entravé vos perspectives ou diminué votre influence en tant que leader ? Si tel était le cas, le sauriez-vous ?

C'étaient deux jours importants pour les débuts de ma carrière de leader. Après quatre ans de succès en tant que vendeur indépendant, je venais d'être promu pour diriger un groupe d'une dizaine de collaborateurs. La plupart d'entre eux m'avaient précédé dans l'équipe, avaient investi et développé leurs propres compétences en matière de vente et, sur certains aspects, étaient plus talentueux que moi en tant qu'agents commerciaux consultatifs.

Je m'étais montré plutôt prometteur dans le rôle de nouveau chef d'équipe et j'avais hâte de marquer les esprits. (Restez attentif sur cette partie, je vous promets de ne pas vous décevoir dans ce défi d'introduction.) Après avoir obtenu le feu vert et le financement du vice-président, j'ai organisé un séminaire de stratégie commerciale sur deux jours. J'ai préparé la salle de conférence, prévu les repas et engagé l'un de nos consultants internes en performance pour animer une formation de deux jours, afin de m'assurer que l'équipe connaisse parfaitement notre dernière solution de leadership.

Le premier matin est arrivé. La consultante, Nancy Moore, et moi-même étions à pied d'œuvre vers 7 h, soit une heure avant le début du séminaire. Je m'en souviens bien. J'étais tout excité, peut-être même surexcité après de nombreux cafés. (À vrai dire, un café est déjà de trop à Provo, dans l'Utah.) Nancy était également très investie dans la réussite des stagiaires et leur avait même apporté un plateau de fruits fraîchement découpés et joliment disposés (elle avait tout fait elle-même, ce n'était pas l'une de ces présentations que l'on achète déjà emballées au supermarché). J'étais prêt pour mes débuts en tant que leader. Voilà qui s'annonçait épique. Les membres de l'équipe ont commencé à se présenter à la porte vers 8 h 15. Nous avons finalement commencé vers 8 h 30, après l'arrivée du dernier retardataire.

J'étais hors de moi. Bien sûr, j'ai réussi à lancer la réunion et présenter la consultante avant de prendre place à la table en forme de U, mais j'étais furieux que, pour mon premier jour en tant que leader, mon équipe me manque de respect, ainsi qu'à la consultante, en se montrant aussi désinvolte avec les horaires. Après tout, nous sommes des experts en gestion du temps. Comment pouvaient-ils arriver en retard sans même s'excuser ? Cette question m'a taraudé et, comme la plupart des problèmes qui me tapent sur les nerfs, elle s'est métastasée et a commencé à mener sa propre existence.

Pendant toute la journée, j'ai été obsédé par ce profond manque de respect. L'équipe savait que j'étais de mauvaise humeur, parce que je ne cherchais même pas à le cacher. Les concepts d'autorégulation et de gestion des émotions m'étaient totalement étrangers, à l'époque.

J'ai continué à bouillir dans la soirée et le lendemain matin. En me rendant à la réunion, le jour suivant, je me suis arrêté au supermarché, non pas pour acheter des fruits ou des croissants, mais dix exemplaires du *Salt Lake Tribune*. J'avais un plan, et il serait mémorable. Le leadership en action, mesdames et messieurs.

Je suis entré dans la salle à 8 h tapantes, heure de début. À mon plus grand plaisir, sadique je l'admets, peu de participants étaient arrivés. Après une dizaine de minutes, tout le monde était enfin assis. Je me suis alors levé, pour ce que je pensais être une brillante démonstration de leadership, et j'ai commencé à faire le tour de la table. J'ai sorti les pages des petites annonces et je les ai lancées devant chaque participant en annonçant : « Si vous cherchez un job de neuf heures à dix-sept heures, on recrute chez Dillard's. » Et au cas où ils n'auraient pas compris, j'ai aussi distribué des marqueurs jaunes pour leur permettre de souligner les annonces.

Voilà du management réussi ! Je leur passais un message important et j'étais respecté pour ma franchise, mon audace et ma force.

Du moins, cela m'a semblé être une excellente idée sur le moment.

Au lieu de reconnaître mon génie du leadership, les gens ont commencé à se lever de la table et à partir. Beaucoup m'ont jeté des regards qui allaient de la perplexité au mépris pur et simple. D'autres encore ont commencé à m'invectiver, et plus d'un m'a menacé de démissionner sur-le-champ. J'ai fait ce que tout bon leader aurait fait en de telles circonstances : j'ai surenchéri. Après tout, c'était leur faute, pas la mienne.

Peut-être pas la meilleure stratégie. Nancy est restée figée, à me regarder avec incrédulité. Un collègue a même annoncé que c'était son dernier jour. On retrouvait un élément récurrent dans toutes ces réactions à mon encontre : comment le chef d'équipe, celui-là même qui organisait une session de formation au leadership, pouvait-il ignorer de manière aussi flagrante les principes qu'il enseignait ?

DISONS QUE JE NE SUIS PAS NÉ AVEC LE GÈNE DE L'HUMILITÉ. CELA M'A POSÉ QUELQUES PROBLÈMES À MES DÉBUTS EN TANT QUE MANAGER ET C'EST ENCORE UN DÉFAUT SUR LEQUEL JE TRAVAILLE AUJOURD'HUI. JE DOIS FAIRE L'EFFORT DE NE PAS OUBLIER SA VALEUR DANS MES RELATIONS, SURTOUT DANS LE RÔLE DE LEADER.

Dire qu'un tel épisode relève du chaos serait encore trop gentil. Comme cela remonte à une vingtaine d'années, je ne me rappelle pas précisément comment nous avons tous réussi collectivement à prendre du recul pour amorcer un nouveau départ. Je suis certain qu'on le doit plus à eux qu'à moi, toujours est-il qu'une heure plus tard, nous nous sommes tous retrouvés pour continuer la journée.

Si vous imaginez que j'ai présenté mon *mea culpa* ce matin-là, vous vous trompez. Pendant des jours, en privé auprès de Nancy, j'ai continué à affirmer que j'avais raison. Elle a eu le mérite d'écouter patiemment mes arguments absurdes. Environ une semaine plus tard, elle a finalement pris un moment avec moi pour m'aider à comprendre pourquoi ma technique m'avait desservi. J'avais du mal à comprendre, mais je savais qu'elle me disait cela dans mon intérêt, alors j'ai pris sa leçon à cœur. J'ai fait de mon mieux pour me racheter auprès de l'équipe et m'excuser pour mon comportement.

Vous serez peut-être surpris d'apprendre qu'aujourd'hui, je suis ami avec toutes les personnes qui se trouvaient en formation ce jour-là. Beaucoup ont même assisté à mon mariage, dix ans plus tard, et nous avons ri et pleuré devant l'absurdité de tout cela. D'ailleurs, plusieurs d'entre eux ont rejoué la scène lors de ma réception, devant celle qui n'était ma femme que depuis deux heures. Elle a dû se dire qu'elle venait d'épouser un vrai sociopathe. Après quoi, nous nous sommes étonnés une fois encore de ma profonde ignorance et de mon arrogance à l'époque.

> QUAND ON APPREND À FAIRE PREUVE D'HUMILITÉ, ON SE SENT PLUS À L'AISE, PARCE QU'ON SAIT QUI L'ON EST. ON PEUT METTRE DE CÔTÉ SA PEUR DE COMMETTRE DES ERREURS OU LE BESOIN DE NE JAMAIS MONTRER SES FAIBLESSES. POUR CITER NOTRE COFONDATEUR, LE DOCTEUR STEPHEN R. COVEY, « LES LEADERS HUMBLES NE CHERCHENT PAS À AVOIR RAISON, MAIS À FAIRE CE QUI EST JUSTE. »

Autrement dit, de mon manque total d'humilité

Disons que je ne suis pas né avec le gène de l'humilité. Cela m'a posé quelques problèmes à mes débuts en tant que manager et c'est encore un défaut sur lequel je travaille aujourd'hui. Je dois faire l'effort de ne pas oublier sa valeur dans mes relations, surtout dans le rôle de leader.

En tant que vice-président exécutif responsable du leadership éclairé chez FranklinCovey, j'ai le privilège de recevoir en interview de nombreuses personnalités, à la fois sur Internet et sur iHeartRadio. Après avoir interviewé plus d'une centaine d'auteurs de best-sellers, de PDG et d'experts en leadership, j'ai relevé un point commun dans la définition qu'ils me donnaient d'un grand leader : l'humilité. Tous considèrent l'humilité comme une force, non comme une faiblesse. On pourrait dire que le contraire de l'humilité est l'arrogance.

Les leaders qui ne font pas preuve d'humilité penchent souvent vers l'arrogance, le besoin de validation extérieure. En général, ils n'écoutent qu'eux-mêmes et ratent ainsi des occasions d'apprendre et de se corriger. Avec eux, les conversations sont souvent des compétitions au cours desquelles ils ressentent le besoin de surpasser les autres et d'avoir le dernier mot.

Dans le best-seller de FranklinCovey, *Devenez meilleur : 15 Habitudes pour construire des relations efficaces au travail*, Todd Davis écrit :

« Les personnes humbles ne doutent pas d'elles-mêmes, leur validation ne leur vient pas de l'extérieur, mais elle est basée sur leur vraie nature. Faire preuve d'humilité, c'est se débarrasser de son ego, car le soi authentique est bien plus important qu'une belle apparence, le besoin d'avoir toutes les réponses ou la reconnaissance de ses pairs. Par conséquent, ceux qui ont cultivé l'humilité comme un atout ont plus d'énergie à consacrer aux autres. Ils ne sont plus centrés sur eux-mêmes (tournés vers l'intérieur), mais ils cherchent des moyens de contribuer et d'aider les autres (tournés vers l'extérieur). L'humilité est la clé pour une personnalité forte et des relations solides et significatives. »

Quand on apprend à faire preuve d'humilité, on se sent plus à l'aise, parce qu'on sait qui l'on est. On peut mettre de côté sa peur de commettre des erreurs ou le besoin de ne jamais montrer ses faiblesses. Pour citer notre cofondateur, le docteur Stephen R. Covey, « les leaders humbles ne cherchent pas à avoir raison, mais à faire ce qui est juste. »

DU CHAOS AU SUCCÈS :
FAIRE PREUVE D'HUMILITÉ

- Choisissez une initiative que vous dirigez ou à laquelle vous participez.

- Identifiez une personne dont le point de vue sur cette initiative est différent du vôtre.

- Prévoyez le temps d'écouter son point de vue. S'il diffère beaucoup, faites preuve de patience et de respect, non seulement pour le comprendre, mais aussi pour le prendre véritablement en compte.

- Qu'avez-vous appris qui puisse améliorer de manière significative cette initiative ? votre relation ? votre propre style de leadership ?

- Soyez plus à l'aise et plus confiant, même si vous n'avez pas toutes les réponses. C'est une force, pas une faiblesse.

Jour 1	Jour 2	Jour 3	Jour 4	Jour 5
Faire preuve d'humilité	Penser avec abondance	Commencer par écouter	Déclarer ses intentions	Prendre et tenir ses engagements
Jour 6	**Jour 7**	**Jour 8**	**Jour 9**	**Jour 10**
Incarner sa propre météo	Inspirer la confiance	Créer un équilibre entre vie professionnelle et vie privée	Attribuer les bonnes fonctions aux bonnes personnes	Consacrer du temps aux relations
Jour 11	**Jour 12**	**Jour 13**	**Jour 14**	**Jour 15**
Revoir ses paradigmes	Affronter les conversations difficiles	Parler avec franchise	Être courageux sans manquer de tact	Faire preuve de loyauté
Jour 16	**Jour 17**	**Jour 18**	**Jour 19**	**Jour 20**
Favoriser la vérité en toute sécurité	Redresser les torts	Être un coach permanent	Protéger son équipe contre les urgences	Mettre en place des entretiens individuels réguliers
Jour 21	**Jour 22**	**Jour 23**	**Jour 24**	**Jour 25**
Permettre aux autres d'exercer leur intelligence	Créer une vision	Identifier les objectifs résolument prioritaires	Aligner les mesures sur les objectifs résolument prioritaires	Entretenir des méthodes pertinentes
Jour 26	**Jour 27**	**Jour 28**	**Jour 29**	**Jour 30**
Produire des résultats	Fêter les victoires	Prendre des décisions de grande valeur	Accompagner le changement	Devenir meilleur

DÉFI 2 :

PENSER AVEC ABONDANCE

En quoi, dans votre façon de penser, l'insuffisance
vous empêche-t-elle d'obtenir les meilleurs
résultats ? Dans quelle mesure est-il difficile pour
vous de partager le crédit, les compliments,
la reconnaissance ou le pouvoir ?

Sans doute avez-vous déjà eu l'occasion de manger à un buffet (contrairement à ma femme, très sophistiquée, qui en a une sainte horreur). Il y a deux écoles de pensée au moment de faire la queue. La première consiste à se dire qu'il n'y a qu'une quantité limitée de nourriture et qu'il vaut mieux prendre tout ce que l'on veut avant que quelqu'un d'autre ne le fasse. La seconde consiste à penser qu'il y a suffisamment pour tout le monde, que personne ne peut prendre la dernière part, et par conséquent, que l'on peut laisser passer devant soi le vieil homme avec sa bouteille d'oxygène. Il y aura bien assez de crevettes pour tout le monde. N'oubliez pas, après tout, qu'elles sont arrivées congelées par sacs de 20 kg.

C'est la différence fondamentale entre une *mentalité d'insuffisance* (vite prendre sa part avant qu'elle disparaisse) et une *mentalité d'abondance* (il y en aura assez pour tout le monde). Ma première leçon sur le pouvoir de la pensée d'abondance m'a été donnée par un collègue. J'hésitais à quitter Provo, dans l'Utah, pour déménager dans la ville de Park City, une station de ski à environ 80 km. Le travail était le même, seulement le trajet serait plus long et la ville moins chaleureuse (autant comparer du lait écrémé à de la tequila). Ce changement allait presque doubler mon loyer et j'essayais de déterminer si c'était une bonne décision financière (clairement, ça ne l'était pas). Alors que j'en discutais avec ce collègue de travail, il a dit quelque chose que je n'oublierai jamais : « Tu n'en auras jamais assez tant que tu n'auras pas défini ton 'assez'. » Depuis, j'ai partagé cet aphorisme avec d'innombrables amis, car il est au cœur de la pensée d'abondance. Il faut définir ce que l'on entend par « assez », sous peine de craindre constamment de ne pas l'obtenir.

> PENSER AVEC ABONDANCE, C'EST ABANDONNER LA MENTALITÉ D'INSUFFISANCE (VITE PRENDRE SA PART AVANT QU'ELLE DISPARAISSE) POUR ADOPTER UNE MENTALITÉ D'ABONDANCE (IL Y EN AURA ASSEZ POUR TOUT LE MONDE).

Ma deuxième leçon a été un peu plus brutale et, en parfait accord avec notre métaphore culinaire, elle s'est déroulée pendant le déjeuner. (J'ai une méthode éprouvée pour choisir les meilleurs restaurants selon le type de réunions d'affaires. S'il s'agit d'un échange d'importance capitale, j'aime être dans un compartiment isolé, en terrain neutre. Je n'aborde jamais de conversations difficiles dans mes restaurants préférés, ce qui me permet de distinguer l'émotion propre à la réunion de mon affinité particulière pour la cuisine servie.)

À cette occasion, j'avais prévu de déjeuner dans l'un de mes établissements préférés, *Cracker Barrel*, car je m'attendais à un repas agréable avec l'un des membres de mon équipe en qui j'avais le plus confiance, Jimmy. Imaginez ma surprise lorsqu'il a commandé son steak avant de m'annoncer de but en blanc : « Scott, j'en ai assez que tu t'attribues le mérite de tous mes projets. »

Cette phrase parle d'elle-même. Besoin de contexte ? Bon, d'accord.

Jimmy a poursuivi en évoquant des cas précis où il avait l'impression que j'avais éclipsé son travail : l'annonce des résultats d'une campagne qu'il avait menée, la promotion d'un lancement de produit qu'il avait planifié, etc. Dans chaque cas, je n'avais même pas mentionné sa contribution.

Mon premier réflexe aurait été d'exprimer mon désaccord, avec une bonne dose d'indignation. Autrefois, c'est certainement ce que j'aurais fait – j'étais fier de dire aux autres ma façon de penser, sans me soucier des conséquences. Mais travailler chez FranklinCovey m'avait changé, et j'ai pris le temps de respirer entre le stimulus du moment et le choix de réponse. J'ai fait de mon mieux pour reconnaître la frustration de Jimmy et m'engager à être plus attentif à l'avenir.

Après le déjeuner, j'ai commencé à décortiquer ce qu'il avait dit. Dans quelle mesure était-ce vrai ? Évidemment, je n'avais eu aucune raison de m'attribuer le mérite de son travail. À ce stade de ma carrière, mon influence au sein de l'entreprise était considérable et mes rapports avec le PDG et le conseil d'administration étaient excellents. Étais-je si peu sûr de moi que j'avais besoin de *plus* d'attention et d'honneurs ? Était-ce plus important d'atteindre le prochain échelon de ma carrière que de mettre quelqu'un d'autre en valeur ? Avais-je vraiment, consciemment ou non, favorisé ma propre boutique, ma réputation et ma carrière à ses dépens ?

Les membres de l'équipe de direction vous diraient sans doute qu'en leur présence, il m'arrive fréquemment de valoriser les autres et de reconnaître leurs

> J'AI FAIT UN EFFORT CONSCIENT POUR FÉLICITER PUBLIQUEMENT TOUS CEUX QUI LE MÉRITAIENT VRAIMENT ET VALORISER MON ÉQUIPE LORSQU'ELLE AVAIT BRILLÉ SANS MON INTERVENTION. JE N'AI PAS TOUJOURS ÉTÉ PARFAIT DEPUIS, MAIS EN GARDANT À L'ESPRIT LE PRINCIPE D'ABONDANCE, JE CROIS QUE JE SUIS DEVENU UN LEADER PLUS BIENVEILLANT, GÉNÉREUX ET RESPECTUEUX. NON SEULEMENT JE NE MANQUE DE RIEN, MAIS JE TROUVE LES RÉUSSITES DES AUTRES PLUS GRATIFIANTES.

contributions. Mais ce qui se passe dans une session à huis clos avec la direction ne se transmet pas toujours aux autres employés. Alors, qu'est-ce qui avait mal tourné cette fois-là ?

Je n'avais pas réussi à penser avec abondance.

La nature humaine pousse à réagir avec insuffisance lorsqu'on craint de ne pas avoir assez d'argent, de cadeaux, d'attention, d'éloges, j'en passe et des meilleures. La notion de mérite au sein de l'entreprise était-elle vraiment limitée ? À l'évidence, non. Pour reprendre la métaphore du buffet, je continuais à remplir mon assiette de « mérite » comme si je me servais en crevettes. Non seulement je n'avais pas pris le temps de définir mon « assez », mais j'étais également motivé par un état d'esprit d'insuffisance qui me faisait craindre de manquer. Le pire, c'est que je n'étais même pas *conscient* de penser ainsi.

Après ma conversation avec Jimmy, j'ai fait un effort conscient pour féliciter publiquement tous ceux qui le méritaient vraiment et valoriser mon équipe lorsqu'elle avait brillé sans mon intervention. Je n'ai pas toujours été parfait depuis, mais en gardant à l'esprit le principe d'abondance, je crois que je suis devenu un leader plus bienveillant, généreux et respectueux. Non seulement je ne manque de rien, mais je trouve les réussites des autres plus gratifiantes.

DU CHAOS AU SUCCÈS :
PENSER AVEC ABONDANCE

- Pensez à une situation où vous pouvez partager le mérite, les éloges, la reconnaissance ou la prise de décision.

- Lorsque vous vous surprenez à croire que vous seul méritez les lauriers pour tel succès ou telle réalisation, faites une pause et prenez le temps de réfléchir : Pourquoi ? Quelle en est la cause ? « Épluchez l'oignon » de votre pensée d'insuffisance.

- Réfléchissez aux moments inoubliables (bons ou mauvais) de votre carrière. Décelez-vous un modèle récurrent ?

- Indiquez en quoi vous pourriez penser et agir avec plus d'abondance à l'avenir.

- Abordez d'autres domaines de votre vie où la pensée d'insuffisance pourrait vous nuire et limiter votre capacité à valoriser les autres. Imaginez l'impact d'une mentalité d'abondance dans votre vie.

Jour 1	Jour 2	Jour 3	Jour 4	Jour 5
Faire preuve d'humilité	Penser avec abondance	Commencer par écouter	Déclarer ses intentions	Prendre et tenir ses engagements
Jour 6	**Jour 7**	**Jour 8**	**Jour 9**	**Jour 10**
Incarner sa propre météo	Inspirer la confiance	Créer un équilibre entre vie professionnelle et vie privée	Attribuer les bonnes fonctions aux bonnes personnes	Consacrer du temps aux relations
Jour 11	**Jour 12**	**Jour 13**	**Jour 14**	**Jour 15**
Revoir ses paradigmes	Affronter les conversations difficiles	Parler avec franchise	Être courageux sans manquer de tact	Faire preuve de loyauté
Jour 16	**Jour 17**	**Jour 18**	**Jour 19**	**Jour 20**
Favoriser la vérité en toute sécurité	Redresser les torts	Être un coach permanent	Protéger son équipe contre les urgences	Mettre en place des entretiens individuels réguliers
Jour 21	**Jour 22**	**Jour 23**	**Jour 24**	**Jour 25**
Permettre aux autres d'exercer leur intelligence	Créer une vision	Identifier les objectifs résolument prioritaires	Aligner les mesures sur les objectifs résolument prioritaires	Entretenir des méthodes pertinentes
Jour 26	**Jour 27**	**Jour 28**	**Jour 29**	**Jour 30**
Produire des résultats	Fêter les victoires	Prendre des décisions de grande valeur	Accompagner le changement	Devenir meilleur

DÉFI 3 :

COMMENCER PAR ÉCOUTER

À quand remonte la dernière fois que vous avez écouté pour comprendre et non pour répondre ?

J'ai une propension à interrompre. Je n'en suis pas fier, mais je n'ai générale-ment pas conscience de le faire. Peut-être est-ce dans mon ADN, auquel cas j'ai raté ma vocation d'avocat ou d'enquêteur pour la CIA. Quoi qu'il en soit, si vous m'avez vu en action lors d'un dîner, vous avez certainement été témoin de ce comportement.

La plupart de mes conversations suivent le même schéma autodestructeur : pour montrer un réel intérêt envers mon interlocuteur, je pose des questions, de manière répétée et presque en rafale (comme un kangourou boxeur qui mobilise toute la vitesse et la puissance de ses pattes contre sa victime). Je lui laisse rarement le temps de répondre avant de passer à la question suivante. C'est gênant, et je le sais parce que ma femme me pose souvent la main sur le bras en disant : « Scott, laisse-le finir. »

Alors, pourquoi ce comportement ? Peut-être pour contrecarrer ma ma-ladresse en société. Une impulsion me pousse à remplir le moindre silence, si bien que je pose fréquemment la même question pendant une heure ou deux. Les gens doivent finir par croire que je souffre de démence précoce, ce qui n'a rien de drôle, bien sûr. Ma tentative de développer une relation et de combler le silence a souvent pour conséquence de créer plus de gêne et de nuire à ma crédibilité. En général, cela met les autres sur la défensive, ce qui peut être un atout majeur si vous êtes un avocat cherchant à déstabiliser un témoin, mais dans mon métier, ce n'est pas franchement le cas.

On comprend aisément comment les interruptions permanentes sont un frein à une bonne écoute. Quand les autres parlent, on est plutôt focalisé sur son propre esprit, en train de formuler une réponse, d'élaborer une réfutation ou d'abandonner purement et simplement toute concentration dès que l'on est en désaccord avec une position qui nous paraît absurde. *Comment peux-tu dire une chose pareille ?* est une pensée qui me vient bien trop fréquemment (et pire encore, que je formule trop souvent). Mais j'y travaille.

Je suis récemment devenu l'animateur d'une nouvelle émission de radio intitulée « Great Life, Great Career »[1]. Dans ce contexte, j'ai découvert non seulement l'importance du silence, mais aussi sa nécessité. En interviewant de nombreux leaders talentueux et des monuments du secteur, j'ai découvert qu'il était primordial de leur laisser l'espace nécessaire pour réfléchir à la question posée – qu'ils aient le temps de river une cheville dans leurs pensées et d'y suspendre plus de sens. D'ailleurs, les neurosciences confirment tout ce que j'apprends dans le cadre de mon travail.

Il y a plusieurs années, j'ai rencontré l'une de mes héroïnes, Deborah Tannen, célèbre professeur de linguistique à l'Université de Georgetown et auteur à

---

1   Super vie, super carrière (NdT)

succès. Son livre phare, *You Just Don't Understand*, a figuré en première place du classement de best-sellers du *New York Times* pendant huit mois consécutifs.

Au cours de notre conversation, elle m'a enseigné une technique d'écoute que je dois utiliser plus souvent. Elle m'a fait remarquer que lorsque deux interlocuteurs n'ont pas la même notion du temps que doit durer un silence entre chaque prise de parole, celui qui s'attend à des pauses plus courtes peut avoir l'impression que l'autre a terminé alors que ce n'est pas le cas, ou qu'il n'a rien à dire alors qu'il aimerait continuer. Cette incompréhension peut entraîner une interruption intempestive. Si vous prenez conscience que vous monopolisez la conversation, elle vous suggère de compter jusqu'à 7 – ou 10, si nécessaire – avant de reprendre la parole, afin de donner à votre interlocuteur plus de temps pour s'exprimer. Vous serez peut-être surpris de constater qu'il a effectivement quelque chose à dire. Par ailleurs, si vous vous sentez interrompu ou si vous avez l'impression que l'autre personne ne vous laisse jamais parler, vous pouvez vous forcer à prendre la parole plus rapidement que ce qui vous paraîtrait naturel, et vous aurez peut-être la surprise de constater que l'autre s'arrête pour vous écouter sincèrement.

Voici mon conseil sur la question : lorsque quelqu'un d'autre parle, fermez volontairement la bouche et concentrez-vous sur la sensation physique de vos lèvres pressées l'une contre l'autre (vos propres lèvres, bien sûr, pas les vôtres contre les leurs). Et lorsque votre interlocuteur marque une pause, comptez jusqu'à 7 avant de répondre. Ainsi, l'autre se sentira encouragé à continuer et à partager plus de détails cruciaux sur son point de vue ou sa situation. Je suis convaincu que l'une des premières étapes pour devenir un meilleur écoutant, en plus de changer d'état d'esprit ou de croyances sur la

ON COMPREND AISÉMENT COMMENT LES INTERRUPTIONS PERMANENTES SONT UN FREIN À UNE BONNE ÉCOUTE. QUAND LES AUTRES PARLENT, ON EST PLUTÔT FOCALISÉ SUR SON PROPRE ESPRIT, EN TRAIN DE FORMULER UNE RÉPONSE, D'ÉLABORER UNE RÉFUTATION OU D'ABANDONNER PUREMENT ET SIMPLEMENT TOUTE CONCENTRATION DÈS QUE L'ON EST EN DÉSACCORD AVEC UNE POSITION QUI NOUS PARAÎT ABSURDE. **COMMENT PEUX-TU DIRE UNE CHOSE PAREILLE** ? EST UNE PENSÉE QUI ME VIENT BIEN TROP FRÉQUEMMENT (ET PIRE ENCORE, QUE JE FORMULE TROP SOUVENT). MAIS J'Y TRAVAILLE.

valeur de l'écoute (Défi 11), est de se taire, tout simplement. En éliminant – ou même en diminuant – vos propres interruptions par une petite mesure consistant à développer votre attention, vous pourrez constater de véritables bienfaits dans vos relations.

Il s'avère que l'on ne consacre pas beaucoup de temps à l'écoute. Lors de mes discours d'introduction dans le monde entier, je demande souvent aux leaders combien d'entre eux ont suivi une formation en bonne et due forme sur les compétences en communication. Environ 70 % de l'auditoire lève la main. Lorsqu'ensuite j'englobe dans ma définition de la communication la rédaction commerciale, la formation aux médias, la prise de parole en public, les compétences d'animation et l'utilisation de logiciels de présentation, près de 100 % des personnes interrogées se manifestent. Je marque alors une pause avant de poser une autre question : « Combien d'entre vous ont suivi une formation ou reçu un enseignement formel sur l'*écoute* efficace ? » Les réactions se comptent sur les doigts de la main, même dans un vaste auditoire de cinq cents participants ou plus.

L'écoute est l'une des compétences les plus sous-estimées en communi-nication, et elle est rarement enseignée aux leaders. Au lieu de quoi, on nous apprend à clarifier nos messages, à faire preuve d'assurance et de persuasion dans nos échanges, et à maîtriser les mots employés. Dans le meilleur des cas, on nous dit qu'il faut se taire et écouter. On mène des réunions, des assemblées générales, des appels téléphoniques, des webdiffusions, des séminaires et des congrès... la liste est interminable. On se consacre à convaincre, à encadrer, à clarifier, puis à recommencer du début. C'est plutôt difficile à faire en silence, par les gestes et les mimes. À quand remonte la dernière fois où vous avez voté pour un candidat, suivi un leader ou donné de l'argent à quelqu'un parce que vous aimiez son écoute et sa gestuelle ? Trop souvent, dans un monde où l'on exige d'être entendu, on considère que l'écoute n'est pas pertinente ou, du moins, qu'elle est de moindre importance. Savoir raconter, en voilà un atout. Qu'il s'agisse des conférences TED, des experts sur les plateaux de télévision ou des intervenants en colloque, il existe toute une industrie du discours qui ne demande qu'à se faire entendre (et rémunérer).

Alors pourquoi ce biais en faveur du discours ? Voici ma réponse en trois mots : écouter, ça craint. Il faut souvent faire un généreux don de temps et d'attention pour oublier ses propres besoins et se concentrer sur ceux des autres. Pour vraiment écouter, il faut de la discipline, de la maîtrise de soi et un véritable désir de comprendre le point de vue de son interlocuteur. L'écoute exige que l'on s'intéresse à l'autre, peut-être même plus qu'on ne le voudrait. La capacité d'écoute n'est pas simplement un trait de caractère sympathique chez les leaders, c'est une véritable compétence. Le docteur Covey, dans son célèbre ouvrage intitulé *Les 7 Habitudes des gens efficaces*, nous incite à devenir des écoutants plus empathiques. L'écoute empathique consiste à écouter avant toute chose, avec un état d'esprit ouvert et respectueux, à vouloir essayer de comprendre les besoins, les objectifs, les pressions et les sentiments de son interlocuteur. C'est une attitude désintéressée : on se débarrasse consciemment de toute distraction pour se concentrer exclusivement sur le discours de l'autre. En conséquence, on est capable de répéter ses paroles avec précision et de comprendre l'intention de sa démarche – pas seulement les mots, mais les sentiments et les émotions qui les sous-tendent.

Le docteur Covey développe également quatre techniques spécifiques d'écoute défectueuse que l'on utilise couramment par défaut :

Évaluer (approuver ou désapprouver en se basant sur sa propre expérience comme référence)

- Enquêter (poser des questions en utilisant sa propre expérience comme référence)
- Conseiller (donner des conseils en se basant sur sa propre expérience comme référence)
- Interpréter (faire des suppositions sur les motivations de l'autre en utilisant sa propre expérience comme référence)

Je vais illustrer ces techniques d'écoute défectueuse par un exemple de conversation que Judy Henrichs, coach de cadres et consultante en leadership, m'a récemment confié. Imaginons que quelqu'un entre dans votre bureau et vous annonce : « Mon chien vient de mourir. » Voici à quoi pourraient ressembler les techniques d'écoute défectueuse :

L'écoutant qui évalue :

« Ne sois pas malheureux, ce n'est qu'un chien, après tout. Je connais quelqu'un qui a perdu ses parents alors qu'il n'avait que six ans et tu ne vas pas croire ce qui s'est passé ensuite... »

Cela peut sembler excessif, mais ce n'est pas aussi tiré par les cheveux que l'on pourrait le croire. On porte constamment des jugements sur les autres en fonction de nos propres besoins, paradigmes et croyances. On essaie peut-être d'aider, mais en réalité, on fait tout le contraire : on est concentré sur ses propres intentions et ses propres objectifs.

L'écoutant qui enquête :

« C'était son cœur ? Un cancer ? Une voiture ? »

Cela peut sembler bien intentionné, mais une fois de plus, c'est le reflet de vos propres intentions. Les faits et les détails vous importent plus que le deuil subi par le maître de l'animal. C'est aussi un peu macabre. Pourquoi avez-vous besoin de savoir comment le chien est mort ? Est-ce vraiment essentiel ? À moins qu'il ne vous le dise, c'est sans importance. L'enquête vise à satisfaire vos propres besoins de connaissance afin de créer un sens qui vous permettra de mieux appréhender la situation ou de savoir comment réagir.

L'écoutant qui conseille :

« En tout cas, ne le fais pas incinérer. J'ai entendu une histoire une fois sur... »

En conseillant, vous avez décrété avec arrogance quel était le problème de votre interlocuteur. Vous avez décidé que son épreuve consistait à déterminer comment se débarrasser du corps de son chien. Vous n'avez pas pris le temps ni montré l'intérêt nécessaire pour comprendre ce qui le préoccupe vraiment (et ce qui ne le concerne pas).

L'écoutant qui interprète :

« Voyons, tu ne serais pas si triste si tu n'avais pas investi autant dans ce fichu chien. C'est vrai, quoi, combien as-tu dépensé pour ces massages ridicules ? Et cette médium pour animaux ? Elle était complètement cinglée. »

D'abord, êtes-vous sûr que la tristesse soit son émotion principale ? Cela pourrait être le soulagement, la culpabilité ou encore la solitude. Il est probable que cette personne soit ou ait été triste, mais ce n'est pas à vous de le deviner. Les expériences altérant le point de vue de l'écoutant qui interprète (peut-être que son propre médium pour animaux lui a révélé les intentions meurtrières de son hamster, allez savoir) n'ont rien à voir avec ce que traverse l'interlocuteur.

Ces quatre réponses peuvent paraître exagérées, mais il est probable que nous y ayons tous eu recours. Celui qui pratique l'écoute empathique n'utilise pas seulement ses oreilles, mais aussi ses yeux, son esprit et son cœur afin de comprendre tous les enjeux. Il regarde son interlocuteur dans les yeux, sans se détourner ni jeter un œil par-dessus son épaule. Il est à l'affût des signes visibles qui l'aideront à comprendre l'histoire, par exemple si la personne paraît fatiguée ou voûtée. Il ne se concentre pas sur son propre cadre de référence ni ses propres intentions. L'écoute empathique n'est pas dénuée d'efforts : elle demande au contraire de l'investissement et de l'intérêt. Cela requiert également une certaine pratique et de l'abnégation.

Concrètement, en étant un bon écoutant, vous développerez votre capacité à vous associer efficacement aux autres pour résoudre les bons problèmes de la bonne manière. Ainsi, la prochaine fois que vous poserez une question qui, à première vue, semble témoigner d'un intérêt sincère, demandez-vous : Quelle est ma raison ? Que me faut-il vraiment savoir pour faire preuve d'empathie ? Est-ce à mes propres intentions et à mon expérience que je me fie, ou aux siennes ?

Cela peut être très libérateur de s'oublier pour se concentrer sur quelqu'un d'autre pendant un moment. Autorisez-vous à sortir de votre propre tête et de votre discours intérieur afin de reporter votre attention sur l'autre. Restez ouverts et permettez-lui d'être, tout simplement. Passer du temps dans cet espace serein de communion avec quelqu'un d'autre dans sa colère, sa joie ou sa frustration peut créer des liens qui dureront toute une vie, tout en mettant vos propres enjeux en perspective.

DU CHAOS AU SUCCÈS :

COMMENCER PAR ÉCOUTER

- Exercez-vous à ne pas interrompre votre interlocuteur en fermant docilement les lèvres et en comptant jusqu'à 5 après que l'autre vous semble avoir terminé. Plus vous pratiquerez cette technique, plus elle deviendra naturelle.

- Faites preuve d'une écoute empathique en vous efforçant de comprendre les besoins, les objectifs, les pressions et les sentiments de l'autre. Identifiez les moments où vous basculez sur vos propres intérêts plutôt que les siens.

- Quand vous vous surprenez à interrompre, donner des conseils, approuver ou désapprouver, poser des questions ou raconter votre propre histoire, arrêtez-vous. Revenez en arrière et écoutez attentivement pour comprendre ce que dit l'autre et ce qu'il ressent.

- Si l'autre vous demande expressément de lui faire des suggestions ou de lui donner votre avis, sentez-vous alors libre de le faire.

- Reconnaissez la valeur du temps comme un don. Vous ne pouvez pas répondre aux besoins de tout le monde, mais vous pouvez faire de votre mieux pour répondre aux besoins de la personne en face de vous.

Jour 1 Faire preuve d'humilité	**Jour 2** Penser avec abondance	**Jour 3** Commencer par écouter	**Jour 4** Déclarer ses intentions	**Jour 5** Prendre et tenir ses engagements
Jour 6 Incarner sa propre météo	**Jour 7** Inspirer la confiance	**Jour 8** Créer un équilibre entre vie professionnelle et vie privée	**Jour 9** Attribuer les bonnes fonctions aux bonnes personnes	**Jour 10** Consacrer du temps aux relations
Jour 11 Revoir ses paradigmes	**Jour 12** Affronter les conversations difficiles	**Jour 13** Parler avec franchise	**Jour 14** Être courageux sans manquer de tact	**Jour 15** Faire preuve de loyauté
Jour 16 Favoriser la vérité en toute sécurité	**Jour 17** Redresser les torts	**Jour 18** Être un coach permanent	**Jour 19** Protéger son équipe contre les urgences	**Jour 20** Mettre en place des entretiens individuels réguliers
Jour 21 Permettre aux autres d'exercer leur intelligence	**Jour 22** Créer une vision	**Jour 23** Identifier les objectifs résolument prioritaires	**Jour 24** Aligner les mesures sur les objectifs résolument prioritaires	**Jour 25** Entretenir des méthodes pertinentes
Jour 26 Produire des résultats	**Jour 27** Fêter les victoires	**Jour 28** Prendre des décisions de grande valeur	**Jour 29** Accompagner le changement	**Jour 30** Devenir meilleur

DÉFI 4 :

DÉCLARER SES INTENTIONS

Vous est-il déjà arrivé que l'on attribue une intention
erronée à vos actes ? Quelle en était la raison ?

Si vous m'aviez demandé de déclarer mes intentions au cours de mes premières années tumultueuses de leadership, quand jouer des coudes pour parvenir au sommet me paraissait incontournable, je vous aurais traité de fou. Si vous considérez le leadership comme une guerre de stratagèmes politiques et une avancée où tous les coups sont permis, alors ce conseil militaire de l'époque victorienne fera écho en vous : « Dissimulez votre objectif et cachez vos progrès ; ne révélez pas l'étendue de vos desseins avant qu'il devienne impossible de s'y opposer, avant que le combat soit terminé. »

Cet état d'esprit antagoniste était autrefois monnaie courante dans presque toutes les entreprises, où régnait la mentalité « manger ou être mangé ». C'est peut-être encore la maxime dominante quand on conduit à New York (où le seul fait de signaler son intention de changer de voie est considéré par les autres automobilistes comme une invitation à appuyer sur l'accélérateur et à combler l'espace), mais c'est une autre histoire. Dans le monde professionnel, en grande part grâce au travail de FranklinCovey et de certains de nos concurrents très respectés, les comportements machiavéliques ont cédé le pas au désir de bâtir des cultures d'entreprise basées sur la transparence, la collaboration et la confiance. De nos jours, rares sont ceux qui souhaitent travailler dans des environnements où ont cours la dissimulation et la surenchère mesquine.

> DANS LE MONDE PROFESSIONNEL, EN GRANDE PART GRÂCE AU TRAVAIL DE FRANKLINCOVEY ET DE CERTAINS DE NOS CONCURRENTS TRÈS RESPECTÉS, LES COMPORTEMENTS MACHIAVÉLIQUES ONT CÉDÉ LE PAS AU DÉSIR DE BÂTIR DES CULTURES D'ENTREPRISE BASÉES SUR LA TRANSPARENCE, LA COLLABORATION ET LA CONFIANCE. DE NOS JOURS, RARES SONT CEUX QUI SOUHAITENT TRAVAILLER DANS DES ENVIRONNEMENTS OÙ ONT COURS LA DISSIMULATION ET LA SURENCHÈRE MESQUINE.

Si cette croyance dépassée décrit votre mode de leadership et votre culture d'entreprise, laissez-moi vous épargner du temps et des tracas. À long terme, vous serez perdant... et plutôt deux fois qu'une. Quand vous aurez la réputation de jouer sur les deux tableaux et de dissimuler vos véritables intentions, personne (et je dis bien personne) ne vous fera confiance. Et sans confiance, vous êtes condamné.

Interrogez l'expert en confiance Stephen M. R. Covey. Dans son best-seller, *Le Pouvoir de la confiance*, il écrit :

« Nous nous jugeons nous-mêmes sur nos intentions et les autres sur le comportement que nous observons. » Ainsi, même si vous essayez activement de dissimuler ce que vous préparez, vous serez jugé en fonction de ce que les autres voient de vous. Si vous souhaitez réussir, ne retenez pas les informations, mais partagez-les ouvertement. Déclarez vos intentions afin que les autres ne puissent pas interpréter vos actes de manière erronée. Je n'oublierai jamais un principe que l'on m'a enseigné dans un cours de relations publiques. Je vous en donne une libre interprétation : « Sans faits réels, les gens inventent. » Lors de conversations aux intérêts adverses ou aux enjeux très élevés, notamment, il est crucial de déclarer ses intentions afin de créer une compréhension mutuelle, à défaut d'un terrain d'entente.

Il y a quelques mois, « Peter », un collègue junior, a prévu une réunion avec moi sur Outlook. Il n'avait pas noté d'ordre du jour ni même d'objet, mais j'ai tout de même accepté de le rencontrer par égard pour lui. Je ne le connaissais pas très bien et une réunion me paraissait plutôt inhabituelle, mais pas non plus inconvenante. Nous avons donc pris place dans une salle de conférence où la conversation un peu gênée, principalement menée par Peter, a tourné en rond pendant environ quinze minutes. Il évoquait de nombreux sujets vaguement liés, avec des questions, des commentaires et même des jugements sur presque tous les projets que je dirigeais. Peter semblait vouloir m'exprimer un retour, mais comme les sujets étaient trop vastes et divers, je ne pouvais pas me concentrer sur une remarque en particulier.

LORS DE CONVERSATIONS AUX INTÉRÊTS ADVERSES OU AUX ENJEUX TRÈS ÉLEVÉS, NOTAMMENT, IL EST CRUCIAL DE DÉCLARER SES INTENTIONS AFIN DE CRÉER UNE COMPRÉHENSION MUTUELLE, À DÉFAUT D'UN TERRAIN D'ENTENTE.

Finalement, alors que je perdais patience, je lui ai demandé sans détour quel était le but de la réunion. Peter a bégayé et tenté de clarifier la situation, mais il a continué à divaguer pendant quelques minutes de plus en plus agaçantes. J'ai fini par lui dire : « Je suis désolé, je ne comprends toujours pas l'objectif de notre conversation. Nous abordons un large éventail de sujets, mais je ne vois pas en quoi je peux t'aider. » Je tiens à préciser que Peter est quelqu'un de bien, d'une grande intégrité, travailleur, bien éduqué et dévoué. Nous n'avons peut-être pas toujours la même vision, mais il me rappelle une version plus jeune de moi-même (c'est à la fois un compliment et une critique). Pourtant, alors que je l'écoutais avec de plus en plus de suspicion, je me suis demandé si cela valait la peine de perdre mon temps. Bien sûr, il est important de prendre du temps pour les autres, mais ce jour-là, j'avais aussi deux autres projets à mener à bien.

Une fois de plus, j'ai cherché à obtenir des éclaircissements. Peter m'a alors exposé ce qu'il avait en tête depuis le début. C'était radicalement différent de tous les sujets préliminaires abordés jusqu'alors. Peter avait un point de vue très clair sur un aspect précis, qui requérait mon soutien. Il s'est mis à parler avec des mots convaincants, et je me suis enfin penché pour l'écouter attentivement. C'est l'un des avantages à déclarer ses intentions : en tant qu'êtres humains, nous avons toutes sortes de pensées et d'émotions quand quelqu'un parle. En fait, nous consacrons une grande part de notre attention et de notre énergie à deviner l'intention des gens et à réfléchir à la réaction adéquate. Ainsi, en déclarant clairement ses intentions, on élimine en partie le bruit et les parasites mentaux qui entravent une véritable écoute. C'est exactement ce qui m'est arrivé. Soudain, tout l'agacement et les histoires négatives qui se bousculaient dans ma tête ont disparu et j'ai pu me concentrer sur le vrai problème. Dommage qu'il ait fallu près de cinquante-cinq minutes sur une réunion d'une heure pour en arriver là !

Une fois la réunion terminée, alors que nous sortions de la salle de conférence, Peter m'a dit : « Ça s'est mieux passé que je le pensais. »

J'ai répondu : « Qu'est-ce que tu veux dire ? »

« Tu es assez intimidant, Scott, a-t-il poursuivi, et je pensais que cette conversation serait très difficile. »

Waouh ! Et moi qui m'étais senti frustré, horripilé par le manque d'organisation et de clarté de Peter. Il s'avère que son incapacité à parler franchement et à déclarer d'emblée ses intentions était en partie fondée sur la peur. Sans doute était-il très concis dans son esprit, mais mes comportements précédents et ma réputation l'avaient poussé à croire que l'arrogance et l'intimidation faisaient partie de mon style de management. Attention, que les choses soient claires, je n'endosse pas la responsabilité de ses erreurs lors de cette réunion, seulement maintenant, je me montre plus attentif à la manière dont j'influence ce principe chez les autres, en positif comme en négatif.

La prochaine fois que vous aurez une conversation dans laquelle un aspect est susceptible d'être mal interprété, rappelez-vous cette pensée du docteur Blaine Lee, auteur de *The Power Principle : Influence With Honor* : « Presque tous les conflits, si ce n'est tous, proviennent d'attentes inégales ou insatisfaites. » Assurez-vous que ce que vous souhaitez que les gens entendent et voient soit exactement ce qu'ils entendent et voient en réalité. Moins vous serez clair, plus vous serez responsable de la confusion engendrée.

DU CHAOS AU SUCCÈS :
DÉCLARER SES INTENTIONS

- Demandez-vous à quelle fréquence vous entamez vos conversations en déclarant vos intentions – êtes-vous clair sur vos objectifs ou laissez-vous les gens deviner ?

  D'entrée de jeu, demandez aux autres de confirmer qu'ils ont bien compris vos intentions.

- Avec vous, les autres se sentent-ils suffisamment en sécurité pour déclarer leurs intentions ? Que devriez-vous cesser de faire, faire plus souvent ou différemment ?

- Pensez à une relation cordiale où règne un respect mutuel, mais dans laquelle vous soupçonnez l'autre de vous avoir mal interprété ou de ne pas bien comprendre votre point de vue. Essayez de rencontrer cette personne de manière informelle (autour d'un café, par exemple) et voyez si vous pouvez mieux déclarer vos intentions à cette occasion.

- Assurez-vous que votre déclaration soit sincère et conforme à vos actes.

- Pour exprimer ses intentions, il faut faire preuve d'un certain courage qui n'est peut-être pas naturel chez vous. Mieux vaut tout de même développer cette compétence plutôt que d'affronter les conséquences de l'inaction

Jour 1	Jour 2	Jour 3	Jour 4	Jour 5
Faire preuve d'humilité	Penser avec abondance	Commencer par écouter	Déclarer ses intentions	Prendre et tenir ses engagements
Jour 6	**Jour 7**	**Jour 8**	**Jour 9**	**Jour 10**
Incarner sa propre météo	Inspirer la confiance	Créer un équilibre entre vie professionnelle et vie privée	Attribuer les bonnes fonctions aux bonnes personnes	Consacrer du temps aux relations
Jour 11	**Jour 12**	**Jour 13**	**Jour 14**	**Jour 15**
Revoir ses paradigmes	Affronter les conversations difficiles	Parler avec franchise	Être courageux sans manquer de tact	Faire preuve de loyauté
Jour 16	**Jour 17**	**Jour 18**	**Jour 19**	**Jour 20**
Favoriser la vérité en toute sécurité	Redresser les torts	Être un coach permanent	Protéger son équipe contre les urgences	Mettre en place des entretiens individuels réguliers
Jour 21	**Jour 22**	**Jour 23**	**Jour 24**	**Jour 25**
Permettre aux autres d'exercer leur intelligence	Créer une vision	Identifier les objectifs résolument prioritaires	Aligner les mesures sur les objectifs résolument prioritaires	Entretenir des méthodes pertinentes
Jour 26	**Jour 27**	**Jour 28**	**Jour 29**	**Jour 30**
Produire des résultats	Fêter les victoires	Prendre des décisions de grande valeur	Accompagner le changement	Devenir meilleur

DÉFI 5 :

PRENDRE ET TENIR SES ENGAGEMENTS

Votre crédibilité est-elle mise à mal par un trop
grand nombre d'engagements non tenus ?
Êtes-vous du genre à vous surengager ?

Il se trouve que je prends facilement des engagements. Au moment où j'écris ces lignes, je me suis engagé à :

- Animer une émission de radio hebdomadaire sur le thème du leadership, sur iHeartRadio.
- Être l'auteur ou le co-auteur de trois livres simultanément.
- Rédiger un article de blog par semaine.
- Écrire une chronique hebdomadaire dans le magazine Inc.
- Animer une émission par semaine d'interviews sur le web.
- Enregistrer un conseil quotidien en matière de leadership pour la radio et les réseaux sociaux.
- Donner un cours à mon église.
- Diriger une initiative de collecte de fonds.
- Faire partie d'un comité de marketing.
- Offrir un coaching professionnel à quatre ou cinq personnes à la fois.
- Fréquenter la salle de sport et faire de l'exercice.
- Élever trois garçons.
- Rester marié, compte tenu de tout ce qui précède.

Et une foule d'autres éléments tout aussi importants. Votre liste sera unique, dépendamment de votre poste et de votre vie, mais je parie qu'elle sera tout aussi fournie.

Le problème, dans ce défi, est non seulement de prendre, mais également de *tenir* ses engagements. Maintenant, je dois assurer partout, et vous aussi ! Je vais vous faire un aveu sincère : je vais abandonner au moins l'un de ces points. Je suis perpétuellement surengagé et je ne peux pas tout mener de front avec le niveau d'excellence que je souhaiterais. Et vous ?

> JE SUIS PERPÉTUELLEMENT SURENGAGÉ ET JE NE PEUX PAS TOUT MENER DE FRONT AVEC LE NIVEAU D'EXCELLENCE QUE JE SOUHAITERAIS. ET VOUS ?

Un grand nombre de défis dans ce livre reflètent le clivage entre ce que je *prenais* pour du leadership efficace au début de ma carrière et ce que m'a révélé la réalité. Figurez-vous que je dois sans cesse revenir sur ce défi en particulier. À vrai dire, j'ai du mal à bien le cerner. Pour citer l'un de mes collègues : « Je comprends parfaitement le principe, mais je n'ai pas encore réussi à l'adopter dans ma vie. » Quand on pense à la qualité des conseils que j'ai reçus au fil des ans, on pourrait croire que j'ai fini par maîtriser ce défi. Déjà en 2007, alors que je commençais un nouveau poste chez FranklinCovey, une collègue m'a dit : « Scott, promets-en moins et fais-en plus. »

Et comme la plupart des conseils lucides, ses mots me hantent encore aujourd'hui.

À l'époque, je n'ai pas tenu compte de ce que m'avait dit cette collègue. Je pensais que cela trahissait autre chose qu'une éthique de travail basée sur « fais tout ton possible ». (Avec du recul, ce n'était pas le cas.) Toujours est-il que je me souviens de l'état d'esprit de son conseil : « N'entreprends pas trop de choses, Scott, et ne perpétue pas l'image de celui qui assure sur certains projets, mais pas sur d'autres. Fais uniquement ce que tu t'engages à faire, mais fais-le avec un impact extraordinaire. »

J'ai tendance à attribuer trop de valeur à l'activité en soi, et pas assez au discernement, la capacité à déterminer ce qui doit être fait avec le plus grand soin. Non que mon travail soit bâclé – au contraire, je mets un point d'honneur à maintenir une qualité exceptionnelle. *Mais uniquement dans ce que je fais réellement.* Et encore, même cela pourrait être compromis. Mon portefeuille de carrière comporte un grand nombre de projets auxquels je me suis engagé (que la plupart des gens ont oublié, je l'espère) et qui, pourtant, n'ont jamais décollé. Je n'ai aucun problème à dire non. Je dis non toute la journée. Mais j'aime encore plus le oui, notamment pour les projets qui me permettent de voir grand, d'élargir ma vision, d'affirmer mon impact et d'asseoir ma singularité. Et d'après la petite voix au fond de ma tête, même si je déçois 15 % des gens en leur faisant défaut, les 85 % restants me prendront pour une rock star.

Comparez cela avec Stephen M. R. Covey, l'une des principales autorités mondiales sur le sujet de la confiance. Stephen est très demandé : son best-seller, *Le Pouvoir de la confiance*, s'est vendu à plus de deux millions d'exemplaires. Même s'il donne plusieurs conférences par semaine, enchaînant souvent quatre pays différents en autant de jours, il se montre également très prudent en matière d'engagements. Contrairement à moi, il pense tout ce qu'il dit. Quand il dit non, il est sincère. Et quand il dit oui, il l'est tout autant. Il termine ce qu'il commence. Si je suis à 8 sur 10, Stephen est à 8 sur 8 !

Récemment, j'ai sollicité un entretien avec lui pour évoquer sa renommée mondiale et réfléchir à la manière dont il pourrait accélérer la publication de ses articles dans de grandes revues professionnelles. Il a d'emblée répondu : « Non, merci. » Avec courtoisie et respect, comme toujours, il a expliqué que sa faible représentation en tant que chroniqueur ou contributeur n'était pas due à un manque d'occasions, puisqu'il avait été abordé par de nombreux journaux pour écrire des chroniques ou des articles et qu'il en avait refusé la plupart. Il n'était tout simplement pas disposé à se placer dans une situation où il était susceptible de décevoir en dépassant un délai ou en négligeant le travail.

Si vous avez déjà assisté à une conférence de Stephen, en congrès ou lors d'un événement organisé par votre entreprise, vous savez que l'une de ses caractéristiques principales, en plus de sa crédibilité indiscutable, est sa préparation minutieuse. Il tient toujours à faire des recherches approfondies sur ses clients, à adapter son contenu à leur culture d'entreprise et aux problèmes du marché, et à écouter leurs besoins pour s'assurer que le temps qu'il passe avec eux aura un impact significatif. D'ailleurs, il refuse presque autant de conférences qu'il n'en accepte, de peur qu'un trop-plein d'engagements ne nuise au temps de préparation nécessaire. Il accepte ainsi de perdre de l'argent chaque jour pour s'assurer que les personnes auprès desquelles il s'est engagé reçoivent le meilleur de lui-même. Il est rare de voir des entreprises ou des individus refuser un contrat au profit d'un engagement antérieur. Combien d'entre nous ont fait le contraire, acceptant avec empressement pour, en fin de compte, compromettre non seulement leurs engagements actuels, mais également les nouveaux ?

> JE N'AI AUCUN PROBLÈME À DIRE NON. JE DIS NON TOUTE LA JOURNÉE. MAIS J'AIME ENCORE PLUS LE OUI, NOTAMMENT POUR LES PROJETS QUI ME PERMETTENT DE VOIR GRAND, D'ÉLARGIR MA VISION, D'AFFIRMER MON IMPACT ET D'ASSEOIR MA SINGULARITÉ.

Citons Roger Merrill, co-auteur avec le docteur Covey du livre *First Things First* : « En prenant un engagement, on instaure l'espoir ; en le tenant, on instaure la confiance. » Chacun est différent dans ses capacités à assumer et à exécuter ses engagements avec excellence. Si vous avez tendance à trop vous engager sans parvenir à tenir vos promesses, essayez de rester sur la retenue, même si cela ne vous semble pas naturel, la prochaine fois qu'un collègue, un ami ou un membre de votre famille vous abordera. Peut-être tenteront-ils involontairement de vous faire dépasser votre point de rupture. Notre « capacité à faire » est toujours supérieure à notre « capacité à bien faire ». Aucune personne raisonnable ne peut s'opposer à une réponse du type :

« J'aimerais vraiment participer à ce projet, mais je tiens trop à ne pas vous décevoir, vous et les autres personnes auprès desquelles je me suis déjà engagé. Je vais devoir refuser. Si mes engagements actuels venaient à changer, soyez certain que je vous recontacterais. Merci beaucoup pour votre confiance. »

Si cela vous semble difficile, gardez au moins à l'esprit une version abrégée : « Je reviendrai vers vous à ce sujet. » Cette simple phrase vous donne une marge de manœuvre entre la demande et la réponse, le temps de considérer vos engagements et votre disponibilité. En répondant plus tard pour décliner l'offre, vous pourrez élaborer une réponse bien formulée qui pourrait même être mieux perçue que si vous aviez rejeté la demande de prime abord.

Vous vous souvenez de cette collecte de fonds que j'ai inscrite parmi mes engagements ? J'ai une bonne et une mauvaise nouvelle. La bonne nouvelle : j'ai terminé. La mauvaise : pas eux !

Je vais conclure ce défi là-dessus. J'aime le oui. Mais je dois aimer le non encore plus. N'oubliez pas que 8 sur 8 est un bien meilleur score que 8 sur 10. La différence réside dans le second chiffre du ratio, pas le premier (et c'est là tout l'intérêt).

DU CHAOS AU SUCCÈS :

PRENDRE ET TENIR SES ENGAGEMENTS

- Choisissez un projet ou une relation qui requière votre attention.

    1. Identifiez un engagement non respecté dans ce domaine.

    2. Comment pouvez-vous raisonnablement le respecter ?

    3. Signifiez à la personne concernée que vous êtes conscient de ne pas avoir (encore) respecté votre engagement, et recalibrez ses attentes en précisant si et quand vous comptez le faire.

- Soyez honnête lors de votre prochain choix et n'excluez pas la possibilité de refuser poliment.

- Dressez la liste de vos engagements actuels. Déterminez raisonnablement si vous devez en abandonner certains. Il est toujours plus prévenant de faire marche arrière que de décevoir les attentes des autres.

- Veillez à ce que vos engagements soient équilibrés (travail, loisirs, santé, développement personnel, entraide, etc.).

Jour 1	Jour 2	Jour 3	Jour 4	Jour 5
Faire preuve d'humilité	Penser avec abondance	Commencer par écouter	Déclarer ses intentions	Prendre et tenir ses engagements
Jour 6	Jour 7	Jour 8	Jour 9	Jour 10
Incarner sa propre météo	Inspirer la confiance	Créer un équilibre entre vie professionnelle et vie privée	Attribuer les bonnes fonctions aux bonnes personnes	Consacrer du temps aux relations
Jour 11	Jour 12	Jour 13	Jour 14	Jour 15
Revoir ses paradigmes	Affronter les conversations difficiles	Parler avec franchise	Être courageux sans manquer de tact	Faire preuve de loyauté
Jour 16	Jour 17	Jour 18	Jour 19	Jour 20
Favoriser la vérité en toute sécurité	Redresser les torts	Être un coach permanent	Protéger son équipe contre les urgences	Mettre en place des entretiens individuels réguliers
Jour 21	Jour 22	Jour 23	Jour 24	Jour 25
Permettre aux autres d'exercer leur intelligence	Créer une vision	Identifier les objectifs résolument prioritaires	Aligner les mesures sur les objectifs résolument prioritaires	Entretenir des méthodes pertinentes
Jour 26	Jour 27	Jour 28	Jour 29	Jour 30
Produire des résultats	Fêter les victoires	Prendre des décisions de grande valeur	Accompagner le changement	Devenir meilleur

DÉFI 6 :

INCARNER SA PROPRE MÉTÉO

Comment votre équipe décrirait-elle votre
style de leadership quand la situation
tourne à l'orage ? Et par temps calme ?

Dans les années 1980, Stone Kyambadde était un joueur de football se-mi-professionnel à deux doigts d'accéder à la Ligue nationale de football ougandaise. Lors d'un match, un adversaire l'a délibérément blessé au genou, mettant fin à sa carrière de footballeur en une fraction de seconde. Stone a été contraint de réorienter toute sa vie, son parcours et son avenir. Au lieu de s'apitoyer sur son sort, il a canalisé sa passion pour le football en entraînant des jeunes en difficulté et en créant une équipe locale à Kampala, en Ouganda. Au travers de ce sport, Stone a ainsi appris à de jeunes hommes à devenir des adultes responsables et proactifs malgré leur milieu de pauvreté et de violence. Trente ans plus tard, l'équipe est florissante et Stone partage dans le monde entier son message positif d'espoir et de persévérance.

Stone est cité en exemple dans une vidéo présentée lors de la séance de travail de FranklinCovey sur *Les 7 habitudes des gens efficaces*, en tant que « personne de transition », quelqu'un qui contribue à briser les cycles de décisions et de comportements négatifs. (Consultez ManagementMess.com pour visionner cette vidéo percutante.) Stone offre un exemple de nombreuses caractéristiques du leadership : proactivité, choix, pardon, vision, compassion et dévouement, pour n'en citer que quelques-unes. Mais l'atout que Stone illustre le mieux, selon moi, consiste à « incarner sa propre météo ». Il s'agit de sa réaction aux influences extérieures. Les leaders qui incarnent leur propre météo font preuve de grande discipline émotionnelle et résistent à la tentation de se laisser distraire par des drames extérieurs.

Qui ne rencontre aucun problème sur ce point ? Certainement pas moi. Savoir réguler vos émotions est un élément essentiel de votre maturité émo-tionnelle, ou quotient émotionnel. En regardant ma carrière professionnelle, je pourrais résumer mes progrès par « deux pas en avant, un pas en arrière ». Je progresse dans la bonne direction, mais les gains – atteindre un résultat professionnel (deux pas en avant) – sont amoindris par les pertes dont je suis responsable – agir comme un crétin plus tard cette même journée (un pas en arrière). Mon style de leadership souffre de nombreuses pertes de cet ordre, liées à des réactions négatives. Ce n'est jamais illégal, immoral ni contraire à l'éthique, mais je ne cesse de réagir de manière impulsive à ce qui, avec une meilleure maîtrise de soi, n'aurait pas nui à ma crédibilité ni donné l'exemple d'un mauvais comportement pour les autres.

À l'image de Stone, je pourrais vous donner un autre exemple qui illustre ce concept mieux que quiconque. Il s'agit de Bob Whitman, PDG et membre du conseil de FranklinCovey. Oh, je sais très bien ce que vous pensez : c'est l'occa-sion idéale de lécher les bottes de celui qui devra évaluer ce livre et qui décide de ma rémunération. Mais si vous pensez que je peux résoudre un quelconque problème avec lui en vantant ses compétences de leader, vous vous trompez. J'aimerais bien. Avec une vie jalonnée de beaux succès, Bob a fait face à des défis de taille. Sa capacité à surmonter les épreuves en appliquant ce principe en fait un parfait exemple.

J'ai passé des milliers d'heures dans le bureau du PDG. Bob garde toujours son calme. Je n'ai jamais rencontré quelqu'un d'aussi serein, même lorsqu'on lui présente des informations qui en déstabiliseraient plus d'un, y compris moi. Incarner sa propre météo ne signifie pas être dénué d'émotions. Bob n'a rien d'un robot. Il peut être frustré et irrité comme tout un chacun. Mais il impose sa propre météo en exerçant une influence consciente sur son tempérament. Difficile de lui faire perdre son calme, car il garde son « gouvernail émotionnel » bien aligné sur les valeurs fondamentales qui constituent son système de convictions, et il ne permet jamais aux personnes extérieures ni aux circonstances d'influencer cet alignement. Bob m'a dit un jour que la force de caractère d'un vrai leader se mesure à la cohérence entre son comportement extérieur et ce qu'il pense et ressent à l'intérieur. Bon sang, que c'est dur ! À mon sens, c'est ce qui se rapproche le plus d'une authenticité absolue.

> QUAND NOS ÉMOTIONS SONT EN JEU, NOUS OUBLIONS FACILEMENT QUE NOS RÉACTIONS DÉPENDENT DE NOUS. L'HABITUDE NO 1 DU LIVRE **LES 7 HABITUDES**, « ÊTRE PROACTIF », NOUS RAPPELLE QU'IL EXISTE UN ESPACE ENTRE CE QUI NOUS ARRIVE ET NOTRE RÉACTION. DANS CET ESPACE RÉSIDENT NOTRE LIBERTÉ ET NOTRE POUVOIR DE CHOISIR COMMENT RÉAGIR.

Bon, revenons au concret. Y a-t-il des moments où j'aimerais que Bob se réjouisse plus ouvertement ? Évidemment. Ai-je parfois du mal à croire qu'il ne réagisse pas plus sévèrement au comportement scandaleux de telle ou telle personne ? Oui, mais jamais au mien, s'il vous plaît. Il n'en reste pas moins un exemple magistral de ce que signifie incarner sa propre météo en tout temps, dans les bons comme dans les mauvais moments.

Quand nos émotions sont en jeu, nous oublions facilement que nos réactions dépendent de nous. L'habitude no 1 du livre *Les 7 Habitudes*, « être proactif », nous rappelle qu'il existe un espace entre ce qui nous arrive et notre réaction. Dans cet espace résident notre liberté et notre pouvoir de choisir comment réagir. Nous connaissons tous des situations dans lesquelles il peut être tentant de réagir rapidement et sans réfléchir. C'est dans ces moments-là qu'il faut choisir d'incarner sa propre météo.

Comment incarner sa propre météo :

- Définissez vos valeurs personnelles et professionnelles (à partir desquelles vous adopterez vos comportements, par beau et mauvais temps).

- Quand vous êtes confronté à une situation qui menace d'influencer vos émotions, arrêtez-vous. Respirez et trouvez la réaction qui n'exigera pas que vous présentiez ensuite des excuses et qui laissera les gens indemnes.

- Calculez consciemment votre réaction pour éviter de la regretter plus tard. Admettez que la plupart de vos réactions spontanées ne représentent pas ce que vous éprouverez une heure (et encore moins un jour) après. Demandez-vous : « Est-ce que je pourrais prendre quelques heures pour réfléchir à ma position afin qu'elle soit en accord avec ce que je penserai et ressentirai dans un moment ? »

- Ne laissez pas les personnes très émotives vous aspirer dans leur vortex. Toutes les conversations n'exigent pas une réponse immédiate de votre part. Parfois, un simple « merci pour l'info » suffit. En incarnant votre propre météo, n'oubliez pas que vous êtes votre propre météorologue. Si vous n'aimez pas le temps qu'il fait, changez-le.

DU CHAOS AU SUCCÈS :
INCARNER SA PROPRE MÉTÉO

- Identifiez des personnes ou des circonstances qui vous poussent à réagir d'après vos émotions.
- Lorsque ces situations surviennent :

  1. Utilisez les stratégies listées à la page précédente.

  2. Si vous avez besoin de plus de temps pour réagir à une conversation ou une situation émotionnelle, prenez-le. Allez vous promener ou livrez-vous à toute autre activité, pourvu que vous vous désengagiez des émotions du moment. Arrêtez-vous, réfléchissez, évaluez la situation ou le stimulus et la réaction qui correspond à votre véritable personnalité, puis continuez.

  3. Si vous écrivez une réponse difficile ou émotionnelle par e-mail, ne l'envoyez pas avant d'avoir réfléchi au message au moins deux fois. Vous pourriez même vous l'envoyer d'abord à vous-même pour le relire et le réécrire.

- En tant que météorologue de votre propre temps, inscrivez les prévisions métaphoriques de la journée dans votre agenda. Soyez proactif et déterminé quant à la météo que vous choisissez d'incarner tout au long de la journée.

Jour 1 Faire preuve d'humilité	**Jour 2** Penser avec abondance	**Jour 3** Commencer par écouter	**Jour 4** Déclarer ses intentions	**Jour 5** Prendre et tenir ses engagements
Jour 6 Incarner sa propre météo	**Jour 7** Inspirer la confiance	**Jour 8** Créer un équilibre entre vie professionnelle et vie privée	**Jour 9** Attribuer les bonnes fonctions aux bonnes personnes	**Jour 10** Consacrer du temps aux relations
Jour 11 Revoir ses paradigmes	**Jour 12** Affronter les conversations difficiles	**Jour 13** Parler avec franchise	**Jour 14** Être courageux sans manquer de tact	**Jour 15** Faire preuve de loyauté
Jour 16 Favoriser la vérité en toute sécurité	**Jour 17** Redresser les torts	**Jour 18** Être un coach permanent	**Jour 19** Protéger son équipe contre les urgences	**Jour 20** Mettre en place des entretiens individuels réguliers
Jour 21 Permettre aux autres d'exercer leur intelligence	**Jour 22** Créer une vision	**Jour 23** Identifier les objectifs résolument prioritaires	**Jour 24** Aligner les mesures sur les objectifs résolument prioritaires	**Jour 25** Entretenir des méthodes pertinentes
Jour 26 Produire des résultats	**Jour 27** Fêter les victoires	**Jour 28** Prendre des décisions de grande valeur	**Jour 29** Accompagner le changement	**Jour 30** Devenir meilleur

DÉFI 7 :

INSPIRER LA CONFIANCE

Pensez à une personne qui a eu confiance
en vous et vous l'a témoigné. Réfléchissez à
son impact au quotidien. Aurez-vous le même
impact sur les membres de votre équipe ?

La confiance est l'un des sujets les plus fréquemment abordés dans le monde des affaires aujourd'hui. Posez-vous la question suivante : suis-je plus enclin à faire confiance ou à me méfier des autres ? Votre tendance naturelle vous pousse-t-elle à la méfiance envers les autres ou êtes-vous capable d'accorder votre confiance même à ceux qui ne l'ont pas encore totalement « méritée » ? Selon la célèbre citation d'Abraham Lincoln : « Si vous faites confiance, vous serez déçu à l'occasion, mais si vous vous méfiez, vous serez malheureux en permanence. »

Tous les succès que j'ai obtenus dans ma vie découlent directement de la confiance que l'on m'a accordée, me permettant ainsi d'apprendre un élément essentiel du leadership. Quelques-uns me viennent spontanément à l'esprit :

- La responsabilité (Jane Begalla). Jane était ma voisine d'enfance. En partant à la fac, elle m'a fait suffisamment confiance pour me remettre son précieux stand de boulangerie au marché fermier local. Je l'ai tenu pendant plusieurs années, ce qui m'a garanti des revenus pendant tout le lycée.

- L'envie de diriger (Sam Romeo). Sam était mon prof de terminale et le parrain de l'association des élèves. Il a cru en moi, m'a soutenu et m'a incité à me présenter à la présidence de l'association. (Pour l'occasion, j'avais repris sans autorisation le slogan de la bière Miller, « It's Miller Time ».)

- Le travail acharné (Patrice Hobby et son mari de l'époque, Bill Hobby). Ensemble, ils m'ont aidé à devenir le plus jeune agent immobilier agréé de mon comté et m'ont poussé à vendre ma première propriété à l'âge de vingt ans. Ils m'ont accordé une confiance absolue dans tous les domaines : business, maisons, voitures... Honnêtement, il m'est arrivé d'en abuser (il se peut qu'une fête étudiante ait eu lieu sur place – et par « sur place », j'entends leur maison cossue). Ils ont toujours cru en moi, même quand je ne le méritais pas.

- La vision (Frank Stansberry). Frank était mon prof de relations publiques à la fac. C'était aussi un soutien inconditionnel, qui m'a encouragé à effectuer un stage chez Disney, ce qui m'a conduit à décrocher mon premier poste à plein temps.

- Le mentorat (Deborah Claesgens). Deborah a été ma toute première responsable à la Disney Development Company. Elle ne m'a jamais ménagé, mais je pense qu'elle m'appréciait plus pour mon potentiel que pour ce que j'étais à l'époque. Elle m'a accordé une grande confiance (parfois un peu aveugle, je l'avoue) et c'est à elle que je dois toute ma carrière.

- Le courage (Bill Bennett). Bill est le leader qui a cru en moi plus que moi-même. Vous retrouverez Bill dans le Défi 15 : Faire preuve de loyauté.

Je pourrais facilement vous citer des dizaines de personnes qui m'ont accordé leur confiance tout au long de ma vie. Je crois bien que je ne les ai jamais appréciées à leur juste valeur avant d'entamer l'écriture de ce chapitre.

Il y a une personne en particulier que j'aimerais mettre en avant : Bob Guindon. C'était le chef de nos opérations internationales, sous la direction duquel le bureau britannique de FranklinCovey est passé d'une franchise à une succursale de l'entreprise à part entière. À l'occasion de ce transfert, nous avons dû optimiser des processus datant de deux décennies, gérer plusieurs dizaines de clients, embaucher des vendeurs, maintenir et développer les revenus, et refondre les systèmes.

Apparemment, Bob avait été témoin de mes performances au sein du département éducatif et il m'a donné l'occasion de quitter l'Utah pour le Royaume-Uni afin de reprendre le bureau en main. Je vous laisse imaginer mon enthousiasme. C'était le genre d'opportunités que l'on trouve dans le livre de quelqu'un d'autre, mais pas dans le mien. Je me suis senti honoré et important, j'étais ému et fou de joie.

J'ai passé environ neuf mois au Royaume-Uni, où j'ai créé un tel chaos managérial que j'en frémis encore. C'est un peu comme si un Tony Robbins de vingt ans débarquait dans une ville de la campagne anglaise et faisait irruption dans un bureau d'une trentaine de professionnels collet monté aux idées bien arrêtées, qui se demandent ce qui leur tombe dessus. Une tornade du nom de Scott avec une personnalité éreintante à l'améri-caine, du type « je peux tout faire et vous aussi », venait d'atterrir et ne semblait plus vouloir s'arrêter.

Je m'engageais auprès de nombreux clients chaque jour, mais en réalité, j'étais en retard et je ratais la plupart des réunions, aux prises avec la complexité des ronds-points et des routes à chaus-sées séparées (un nom alambiqué pour désigner une simple autoroute), du boîtier de vitesses manuel, du volant à gauche et de la conduite en sens inverse, du côté « opposé » de la route.

Quand je ne causais pas le chaos sur les routes, c'étaient les processus au bureau que je chambou-lais, créant des campagnes de publipostage et de grands événements de mobilisation des clients – en un mot, remettant en question tout l'existant.

Avec du recul, je me dis que ce tourbillon a certes créé un certain élan, mais dans quelle direc-tion, je me le demande encore.

TOUS LES SUCCÈS QUE J'AI OBTENUS DANS MA VIE DÉCOULENT DIRECTEMENT DE LA CONFIANCE QUE L'ON M'A ACCORDÉE, ME PERMETTANT AINSI D'APPRENDRE UN ÉLÉMENT ESSENTIEL DU LEADERSHIP.

Au cours de mon séjour au Royaume-Uni, j'ai appris et progressé plus que je ne l'aurais imaginé, même si la plupart du temps, j'étais complètement débordé. Bob ne semblait pas s'en formaliser. Ce que j'ignorais, à l'époque, c'était qu'il investissait en moi – non seulement pour la transition au Royaume-Uni, mais pour l'avenir de toute la boîte. Pour mon propre avenir également, bien sûr, car c'est ce que font les grands leaders. Sa confiance allait au-delà de ce que je méritais, et l'impact sur le long terme s'est avéré très instructif pour ma propre expérience de leadership. À chaque occasion, j'essaie d'accorder ma confiance aux membres de l'équipe, comme on me l'a accordée tout au long de ma vie.

DU CHAOS AU SUCCÈS :
INSPIRER LA CONFIANCE

- J'ai une mission à vous confier, importante au point que j'y consacre les deux pages suivantes. De nombreux auteurs pourraient vous suggérer de prendre le temps de faire cet exercice en dehors de la lecture de leur livre, mais je vous supplie de le faire tout de suite. Oubliez ce que l'on vous a dit toute votre vie sur le fait d'écrire dans les livres et d'abîmer vos affaires. Après tout, c'est notre livre, il peut bien être un peu brouillon (le chaos, vous le savez, c'est ma spécialité).

- Vous remarquerez que les deux pages suivantes sont vierges, à l'exception de quelques puces. Sur la première page, j'aimerais que vous dressiez la liste de toutes les personnes dans votre vie qui vous ont accordé leur confiance (écrivez leurs noms comme je l'ai fait à la page 60). À côté, notez ce que leur confiance vous a apporté, peut-être plus maintenant qu'à l'époque.

- Une fois que vous avez terminé cette liste (elle devrait être longue si vous vous y investissez), remplissez la page de droite. Maintenant, je vous propose d'énumérer les noms des personnes de votre équipe, de votre département, de votre entreprise, de votre famille, de votre communauté, etc. À côté de leurs noms, écrivez en quoi vous pourriez leur accorder votre confiance – quelque chose que vous n'avez pas encore fait. Notez des actions, des idées ou des projets dans lesquels, avec votre confiance, ils pourraient s'épanouir. Soyez précis.

- Maintenant, faites-leur confiance. Les revers potentiels ne pourront pas être pires que la décision de m'envoyer dans notre bureau britannique en pleine transition.

ILS M'ONT ACCORDÉ LEUR CONFIANCE :

-

-

-

-

-

-

-

-

-

J'AI L'INTENTION DE LEUR ACCORDER MA CONFIANCE :

-
-
-
-
-
-
-
-

Jour 1 Faire preuve d'humilité	**Jour 2** Penser avec abondance	**Jour 3** Commencer par écouter	**Jour 4** Déclarer ses intentions	**Jour 5** Prendre et tenir ses engagements
Jour 6 Incarner sa propre météo	**Jour 7** Inspirer la confiance	**Jour 8** Créer un équilibre entre vie professionnelle et vie privée	**Jour 9** Attribuer les bonnes fonctions aux bonnes personnes	**Jour 10** Consacrer du temps aux relations
Jour 11 Revoir ses paradigmes	**Jour 12** Affronter les conversations difficiles	**Jour 13** Parler avec franchise	**Jour 14** Être courageux sans manquer de tact	**Jour 15** Faire preuve de loyauté
Jour 16 Favoriser la vérité en toute sécurité	**Jour 17** Redresser les torts	**Jour 18** Être un coach permanent	**Jour 19** Protéger son équipe contre les urgences	**Jour 20** Mettre en place des entretiens individuels réguliers
Jour 21 Permettre aux autres d'exercer leur intelligence	**Jour 22** Créer une vision	**Jour 23** Identifier les objectifs résolument prioritaires	**Jour 24** Aligner les mesures sur les objectifs résolument prioritaires	**Jour 25** Entretenir des méthodes pertinentes
Jour 26 Produire des résultats	**Jour 27** Fêter les victoires	**Jour 28** Prendre des décisions de grande valeur	**Jour 29** Accompagner le changement	**Jour 30** Devenir meilleur

DÉFI 8 :

CRÉER UN ÉQUILIBRE ENTRE VIE PROFESSIONNELLE ET VIE PRIVÉE

Si des paparazzi vous avaient suivi la
semaine dernière, auraient-ils constaté
un équilibre entre vos activités au travail
et en dehors ? Quel en est l'impact ?

Un secret circule dans le monde de l'entreprise, intitulé « l'équilibre entre vie professionnelle et vie privée ». C'est une jolie formule que l'on est censé valoriser au sein de l'entreprise. Mais la vérité, c'est qu'on ne le pense pas. Pas vraiment, du moins. Il est bien entendu que, même si l'on parle ouvertement de structurer son temps et son attention pour équilibrer efficacement travail et vie privée (c'est ça, à d'autres !), si l'on veut *vraiment* réussir en tant que leader, on ne compte pas ses heures : arriver en premier au bureau, repartir en dernier, et au diable l'équilibre. Pour ceux d'entre vous qui pensent que cet état d'esprit a changé, selon une étude publiée en 2018, le sondage *The Project : Time Off*, 24 % des Américains ont déclaré ne pas avoir pris de vacances depuis plus d'un an et 52 % déclarent avoir accumulé des jours de congés qu'ils n'ont toujours pas utilisés (fin 2017).

Cela n'a pas toujours été ainsi. Il y a trente ans, mon père était cadre moyen dans une entreprise du Fortune 500. Je me rappelle que son bureau l'a contacté directement à la maison en soirée seulement une fois ou deux, et ce sur une période de trois décennies. Son patron ne l'appelait jamais chez lui. Jusqu'au début des années 90, quel que soit votre niveau hiérarchique, le travail était considéré comme terminé lorsque vous quittiez le bureau. Bien sûr, vous pouviez continuer à y réfléchir, mais vous n'étiez pas censé vous y remettre avant la journée de travail suivante (et encore moins y consacrer votre week-end).

Il semblerait que nous ayons perdu cette sagesse à l'ancienne, depuis le temps. À mon avis, sans activités extérieures pour renouveler votre énergie et vous permettre de respirer, vous ne pouvez pas être comblé ni épanoui. Et si vous n'êtes pas épanoui dans de nombreux domaines de votre vie, il y a des chances que vous soyez moins productifs au travail. Des études établissent même un lien entre une vie sexuelle active et une amélioration de la satisfaction et de l'engagement au travail (que les choses soient claires, il ne s'agit pas d'une vie sexuelle active *au travail*). En résumé, plus vous êtes épanoui, plus vous êtes productif. Et plus vous êtes productif, moins vous passerez de temps au travail. À l'inverse, plus vous êtes malheureux, moins vous serez productif, ce qui vous obligera à faire des heures supplémentaires pour venir à bout de vos tâches. C'est un cercle vicieux ou vertueux, selon où l'on se place.

Il m'a fallu un certain temps pour le comprendre. Est-ce que je le maîtrise maintenant ? Pas du tout. J'ai développé d'excellents réflexes pour dire oui, entreprendre de grands projets, accepter de donner un discours à l'autre bout du monde, etc. Honnêtement, à cause de la technologie, il n'a jamais été aussi difficile de trouver un équilibre entre vie professionnelle et vie privée... et cela ne va pas s'arranger. La ligne de démarcation entre le travail et la vie personnelle est le plus souvent floue, indistincte. Bien sûr, je connais des gens qui militent fièrement pour des limites strictes entre vie professionnelle et vie privée. Ce sont les mêmes qui, après un dîner au restaurant, détaillent l'addition pour payer uniquement leurs 41 % parce que vous avez bu deux verres de vin et eux un seul. Je leur souhaite bonne chance dans leur engagement pour maintenir un équilibre rigoureux. Additions séparées, s'il vous plaît... et tant qu'on y est, tables séparées aussi.

Comme la majeure partie des entreprises privées ont besoin d'une présence internationale pour être compétitives, on s'attend de plus en plus à ce que nous utilisions notre technologie pour rester connectés et engagés. Souvent, en échange de cette disponibilité permanente, beaucoup d'entre nous bénéficient d'un environnement de travail plus souple. D'ailleurs, de nombreuses entreprises ont adopté une politique de vacances flexibles pour leurs salariés : « Prenez ce dont vous avez besoin, mais remplissez vos objectifs. »

> *N'OUBLIEZ PAS QUE C'EST VOTRE VIE, ALORS NE LA PASSEZ PAS ENTIÈREMENT AU TRAVAIL.*

Cela semble être un prêté pour un rendu plutôt raisonnable. Mais passez-moi l'expression, on est souvent le dindon de la farce, car le rendu (« remplissez vos objectifs ») est autrement plus exigeant que le prêté (« prenez ce dont vous avez besoin »). Combien d'entre vous ont pris plus de dix jours de vacances au cours de l'année écoulée (sans compter les jours fériés) ? Pas moi, je peux vous l'assurer, et ce n'est pas parce que je ne trouvais pas de destination ni d'activités. Soit mon habitude de dire oui constamment me jouait des tours, soit j'entretenais l'illusion que prendre des congés me rendrait moins productif, et non le contraire. Bienvenue dans mon chaos managérial. Ce paradigme est peut-être particulièrement américain, mais le monde devient de plus en plus compétitif, alors gérez vos carrières en conséquence.

Ce n'est pas pour rien que ce défi s'intitule « créer » un équilibre et pas seulement le promouvoir. Lorsque les leaders eux-mêmes n'ont pas de vie, ils ne sont pas seulement mauvais aux yeux de leurs équipes, mais ils fixent aussi des critères délétères pour le comportement des autres, consciemment ou non.

N'oubliez pas que c'est *votre* vie, alors ne la passez pas entièrement au travail. Comme en attestent d'innombrables citations, personne sur son lit de mort n'a jamais regretté de ne pas avoir passé suffisamment de temps au bureau. Personne ne peut vous dicter le bon équilibre, c'est à vous de décider. Nous sommes tous différents par nos valeurs (personnelles et professionnelles), les étapes de nos carrières, nos besoins financiers, nos compétences, nos craintes, etc. Ne laissez personne d'autre décider de ce que vous placez en premier dans votre vie. Je ne ressens pas le besoin de vous expliquer en détail *pourquoi* vous devriez être plus équilibré et prendre plus de temps pour vous. C'est évident pour tout le monde, à en juger par la littérature abondante sur la question. Ce que j'aimerais prendre le temps d'aborder maintenant, c'est pourquoi, en tant que leader, il est important de présenter cet équilibre aux autres.

Au-delà des bienfaits que vous en tirerez personnellement, c'est une attitude que vous transmettrez certainement à vos collègues. Vos collaborateurs ont besoin de savoir qu'ils peuvent prendre des congés en toute sécurité. Quoi que vous en pensiez, croyez-moi, votre propre comportement se répercute sur le leur. Les membres de votre équipe tireront des conclusions sur ce qui est acceptable et ce qui ne l'est pas, en fonction de vos paroles et de vos actes. Si vous souhaitez vraiment que vos employés mènent une vie équilibrée qui leur permette de se ressourcer, d'affiner leurs objectifs et d'augmenter leur productivité au travail, vous devez commencer par vous-même.

L'équilibre dans la vie ne se résume pas forcément aux vacances. Les leaders doivent prendre du temps pour leur développement personnel, leurs loisirs, leur santé et leurs relations. Quand on ne se laisse pas définir par son travail, on devient multidimensionnel. Dans la vie, nous avons tous connu des saisons où nous étions plus axés sur nos carrières – et c'est une bonne chose, tant que cela reste limité à une saison. N'oubliez pas que les saisons passent, enfin, en théorie.

> **L'ÉQUILIBRE DANS LA VIE NE SE RÉSUME PAS FORCÉMENT AUX VACANCES. LES LEADERS DOIVENT PRENDRE DU TEMPS POUR LEUR DÉVELOPPEMENT PERSONNEL, LEURS LOISIRS, LEUR SANTÉ ET LEURS RELATIONS. QUAND ON NE SE LAISSE PAS DÉFINIR PAR SON TRAVAIL, ON DEVIENT MULTIDIMENSIONNEL. DANS LA VIE, NOUS AVONS TOUS CONNU DES SAISONS OÙ NOUS ÉTIONS PLUS AXÉS SUR NOS CARRIÈRES – ET C'EST UNE BONNE CHOSE, TANT QUE CELA RESTE LIMITÉ À UNE SAISON. N'OUBLIEZ PAS QUE LES SAISONS PASSENT, ENFIN, EN THÉORIE.**

N'utilisez jamais cette excuse selon laquelle, si vous prenez des congés, vous serez confronté à une surcharge de travail excessive à votre retour. C'est certainement vrai pour chacun d'entre nous. Mais cette logique bancale pourrait aussi s'appliquer à la douche : inutile de se laver, car on est appelé à se salir à nouveau.

Si vous n'avez pas envie de prendre de vacances, ou si vous ne pouvez vraiment pas vous les offrir, il n'y a aucune honte à cela. Certaines personnes célibataires ou aux relations sociales limitées n'ont peut-être pas envie de voyager seules. D'autres, soumises à de fortes pressions financières, préfèrent éviter la tension que représentent des vacances sur un budget restreint. Tout cela vous regarde, mais ne laissez pas ces raisons devenir des excuses pour rester focalisé sur votre travail. Annoncez que vous prenez une semaine de congé et quittez le bureau, tout simplement. Il peut très bien s'agir de vacances à domicile, pourquoi pas ? Restez chez vous, tirez les rideaux et mettez-vous au tricot. Pas d'appels professionnels, pas de textos ni d'e-mails à vos collègues. N'oubliez pas que les membres de votre équipe peuvent aussi bénéficier de l'absence du patron.

De toute manière, si vous ne prenez pas de congés, votre réputation en souffrira. Les gens en parleront. Ce sera très néfaste pour votre image de marque. Pire encore, personne n'enviera votre place. (Qui aimerait suivre votre exemple ?) Mieux vaut disparaître pendant une semaine et inventer un voyage à Rome, par exemple. Vous allez m'envoyer des e-mails pour me reprocher de vous encourager à mentir, mais j'assume. Si cela peut vous éloigner du bureau, je prends le risque de me faire bombarder de messages.

DU CHAOS AU SUCCÈS :
CRÉER UN ÉQUILIBRE ENTRE VIE PROFESSIONNELLE ET VIE PRIVÉE

- Reconnaissez que les personnes les plus influentes mènent une vie équilibrée.

- Dressez une liste de choses faciles à mettre en œuvre que vous pourriez entreprendre pour créer un meilleur équilibre.

- Discutez ouvertement avec votre équipe des pressions réelles auxquelles chacun doit faire face dans le développement de sa carrière et l'épanouissement de sa vie. Faites en sorte que chacun puisse prendre le temps dont il a besoin sur ces deux plans.

- Acceptez d'être vulnérable en admettant que l'équilibre entre vie professionnelle et vie privée représente également un défi pour vous. Tout le monde cherche de l'authenticité et de la complicité chez son chef.

    1. Organisez un brainstorming avec votre équipe sur les comportements observables qui indiqueraient qu'un équilibre entre vie professionnelle et vie privée est atteint. Mettez-les en œuvre et encouragez-les.

    2. Invitez vos collègues à faire preuve d'ouverture et d'honnêteté s'ils ont l'impression que les choses sont allées trop loin vers l'un ou l'autre extrême.

- Prenez du temps pour vous ressourcer et encouragez les membres de votre équipe à faire de même.

- Lorsqu'ils rentrent, accueillez-les en montrant un intérêt réel pour ce qu'ils ont fait, appris ou apprécié.

PARTIE 2 :

ÊTRE UN LEADER POUR LES AUTRES

Jour 1	**Jour 2**	**Jour 3**	**Jour 4**	**Jour 5**
Faire preuve d'humilité	Penser avec abondance	Commencer par écouter	Déclarer ses intentions	Prendre et tenir ses engagements
Jour 6	**Jour 7**	**Jour 8**	**Jour 9**	**Jour 10**
Incarner sa propre météo	Inspirer la confiance	Créer un équilibre entre vie professionnelle et vie privée	Attribuer les bonnes fonctions aux bonnes personnes	Consacrer du temps aux relations
Jour 11	**Jour 12**	**Jour 13**	**Jour 14**	**Jour 15**
Revoir ses paradigmes	Affronter les conversations difficiles	Parler avec franchise	Être courageux sans manquer de tact	Faire preuve de loyauté
Jour 16	**Jour 17**	**Jour 18**	**Jour 19**	**Jour 20**
Favoriser la vérité en toute sécurité	Redresser les torts	Être un coach permanent	Protéger son équipe contre les urgences	Mettre en place des entretiens individuels réguliers
Jour 21	**Jour 22**	**Jour 23**	**Jour 24**	**Jour 25**
Permettre aux autres d'exercer leur intelligence	Créer une vision	Identifier les objectifs résolument prioritaires	Aligner les mesures sur les objectifs résolument prioritaires	Entretenir des méthodes pertinentes
Jour 26	**Jour 27**	**Jour 28**	**Jour 29**	**Jour 30**
Produire des résultats	Fêter les victoires	Prendre des décisions de grande valeur	Accompagner le changement	Devenir meilleur

DÉFI 9 :

ATTRIBUER LES BONNES FONCTIONS AUX BONNES PERSONNES

Combien de personnes dans votre équipe
occupent la bonne fonction ? Devriez-
vous procéder à des ajustements ?

Attribuer les bonnes fonctions aux bonnes personnes est souvent plus complexe qu'il n'y paraît. La gestion des talents peut s'apparenter à une partie d'échecs : des stratégies sont mises en œuvre, puis la réalité prend un certain tournant et vos plans les mieux conçus peuvent s'effondrer à cause d'un seul mouvement de travers. L'affectation du personnel selon les diverses fonctions est souvent l'aspect le plus complexe de votre travail : savoir qui embaucher et qui refuser, qui promouvoir, où les placer, quand les déplacer à nouveau, quand s'abstenir, ou encore quand les encourager à partir (ou le leur dire franchement, le cas échéant).

SAVOIR CONSTITUER UNE ÉQUIPE GAGNANTE PEUT ÊTRE L'UN DE VOS MEILLEURS APPORTS EN TANT QUE LEADER, MÊME S'IL EST RAREMENT RECONNU ET PAS TOUJOURS GRATIFIANT SUR LE MOMENT.

Il y a de fortes chances que vous ayez déjà vu ce qui se passe lorsqu'une personne dotée des capacités d'une dame aux échecs se retrouve coincée dans le rôle d'une tour (ou pire encore, d'un pion !). Je connais une personne qui, selon moi, relève du génie. Je ne parle pas de ses connaissances en physique quantique, mais de sa créativité illimitée et de ses idées sans cesse renouvelées. Ce collègue très expérimenté et extrêmement charismatique (appelons-le Brandon) a connu au moins quatre postes différents à la tête de quatre équipes au sein de la même entreprise. Sans lui manquer de respect, disons aussi qu'il avait une fâcheuse tendance à ne jamais réussir. Et ce, en dépit de ses bonnes intentions, de son enthousiasme débridé, de sa vision claire et de son éthique professionnelle inspirante, même pour moi. (Et je suis connu comme le lapin Duracell, même après 17 h !) Brandon n'a jamais occupé le bon poste, voilà tout.

Vous connaissez sans doute quelqu'un dans la même situation – à la mauvaise affectation ou sous la direction d'un chef qui pourrait orienter son énergie vers les projets les plus rentables. Lorsqu'une personne occupe constamment les mauvaises fonctions, on peut lui appliquer le dicton « pierre qui roule n'amasse pas mousse ». Je me rappelle un certain nombre d'exemples tirés de mon expérience – parfois des succès, parfois des échecs, mais toujours des embauches et des promotions bien intentionnées :

- L'employé très efficace, dans l'entreprise depuis une vingtaine d'années, mais dont le travail passait souvent inaperçu. Jusqu'à ce qu'un leader l'intègre à un projet essentiel pour l'entreprise, au sein duquel il a pu mettre à profit son expertise et ses connaissances approfondies. Ses performances exceptionnelles en font maintenant un exemple sans précédent de réorientation réussie en cours de carrière.

- Le collaborateur extrêmement compétent, à l'initiative de nombreux projets couronnés de succès. Aujourd'hui, après avoir été promu à un important poste de direction, il a beaucoup de mal à affirmer son influence auprès de ses subordonnés directs.

- Le collaborateur fraîchement promu, qui dirige maintenant ses anciens collègues et initie des améliorations significatives dans toute l'entreprise.

- L'employé de longue date qui obtient des résultats corrects dans un département, puis qui est engagé par un autre type de leader à un poste similaire. Alors que ce nouveau leader lui propose des défis et des angles de travail plus stimulants, l'influence et la confiance du collaborateur augmentent brusquement de manière exponentielle.

- L'expert technique hautement qualifié dans son domaine qui ne s'intègre jamais complètement à la culture de l'entreprise ou n'en comprend pas le modèle économique. Il ne reste pas longtemps au même poste et il accuse les autres d'être la raison de son départ, alors qu'il aurait pu avoir un impact significatif avec une meilleure collaboration et un meilleur accompagnement de la part de son leader.

Jim Collins, auteur de livres sur le monde des affaires et expert en leadership, a écrit dans *Good to Great* : « Faites monter les bonnes personnes dans le bus, faites descendre les mauvaises et installez les bonnes personnes aux bons sièges. » Savoir constituer une équipe gagnante peut être l'un de vos meilleurs apports en tant que leader, même s'il est rarement reconnu et pas toujours gratifiant sur le moment. D'ailleurs, il se peut que vous n'en récoltiez les lauriers qu'après la dissolution de l'équipe ou même après votre départ.

La difficulté pour les leaders, c'est qu'aucun raccourci (à ma connaissance) ne garantit l'attribution des bonnes fonctions aux bonnes personnes. C'est une question d'années au compteur et d'expérience. Vous commettrez beaucoup d'erreurs et tomberez parfois de cheval. Vous devrez inlassablement vous remettre en selle et reprendre les rênes. Ce n'est pas une compétence que l'on acquiert à la naissance, pas plus qu'il n'y a de formation miracle ou de bonnes pratiques gravées dans le marbre. C'est un art, non pas une science, et on le maîtrise par la connaissance et la pratique. Je connais une personne, dans notre entreprise, qui travaille depuis quinze ans et occupe actuellement son septième poste. Tout le monde s'accorde à dire que ce septième poste est le bon. Heureusement que nous (et elle) avons pris le temps de le déterminer et de bien faire les choses. Cela ne signifie pas que cette personne échouait à ses postes précédents, mais qu'elle n'avait pas pleinement trouvé sa place. À présent, elle occupe les fonctions qui lui conviennent et l'entreprise en tire de précieux bénéfices. Elle semble également plus épanouie, plus valorisée et plus heureuse que jamais.

Pour optimiser le processus d'attribution de la bonne personne au bon poste, posez-vous sérieusement les questions suivantes :

- Quelles sont les compétences et les passions de cette personne, et quel type d'équipe pourrait en tirer le meilleur parti ?
- Quel type de leader aidera cette personne à s'épanouir et à exploiter ses points forts ?
- Avec quels types de personnalité cette personne aura-t-elle du mal à travailler ? Pouvez-vous y remédier rapidement, évoquer la question avec elle dans un climat serein et contribuer à sa réussite ?
- Quels systèmes et procédés aideront cette personne à s'épanouir dans ses nouvelles fonctions ? A-t-elle l'habitude de prendre des initiatives et de se débrouiller seule, ou est-elle habituée à des infrastructures plus étendues, avec des ressources importantes auxquelles faire appel ?
- À quelle culture cette personne sera-t-elle confrontée dans ses nouvelles fonctions ? Est-elle assez souple pour s'intégrer dans une culture forte, assez influente pour diriger et créer une cohésion nouvelle et peut-être même meilleure ?
- Cette personne passe-t-elle d'un rôle de contributeur individuel à un rôle de leader ? Est-elle capable d'identifier, et peut-être d'abandonner, certaines des caractéristiques qui ont fait son succès pour acquérir de nouvelles compétences afin d'inspirer et de diriger les autres ? Êtes-vous en mesure d'accompagner cette personne vers la réussite ?
- Quels sont les traits de caractère apparemment anodins, mais contre-productifs, que vous avez remarqués chez cette personne ? Avec un coaching sincère et bienveillant, est-il possible de les corriger, voire de les transformer en atouts ?
- Quels changements pourriez-vous apporter à votre propre style de leadership pour favoriser son succès et son impact à ce nouveau poste ?

Les leaders qui réussissent découvrent souvent qu'ils sont un peu comme le Meetic de l'entreprise : ils maîtrisent l'art de faire des rencontres et d'associer les bonnes personnes aux bonnes fonctions. C'est une compétence que j'ai durement acquise et qui ne m'est apparue qu'après une dizaine d'années d'expérience classique du leadership. De nombreux responsables s'arracheront les cheveux avant d'atteindre enfin le succès dans ce domaine. La clé est de trouver le bon rythme pour réussir avec le moins de divorces possible en cours de route.

Maintenant qu'on en parle, demandez-vous aussi : « Est-ce que j'occupe les bonnes fonctions ? Comment le savoir ? Y aurait-il un autre département, une autre équipe ou un autre leader susceptibles de mieux développer mes compétences et mon influence ? » N'hésitez pas à appliquer ces questions à votre cas et, peut-être plus important encore, à celui de votre propre chef.

DU CHAOS AU SUCCÈS :

ATTRIBUER LES BONNES FONCTIONS AUX BONNES PERSONNES

- Identifiez les véritables passions et les points forts d'une personne afin de les associer aux besoins de votre entreprise.

- Utilisez la liste de questions présentées dans ce défi pour déterminer si elle peut occuper des fonctions différentes.

- Cherchez à connaître l'avis des autres sur vos observations et vos opinions.

- Ayez le courage d'aborder les conversations nécessaires pour régler d'éventuels problèmes de personnalité, de maturité émotionnelle, de conscience de soi, etc. (Notez au passage que trop de leaders sautent ce point pour passer au suivant.)

- Faites preuve de courage pour remédier aux éventuelles erreurs d'affectation.

Jour 1	Jour 2	Jour 3	Jour 4	Jour 5
Faire preuve d'humilité	Penser avec abondance	Commencer par écouter	Déclarer ses intentions	Prendre et tenir ses engagements
Jour 6	Jour 7	Jour 8	Jour 9	Jour 10
Incarner sa propre météo	Inspirer la confiance	Créer un équilibre entre vie professionnelle et vie privée	Attribuer les bonnes fonctions aux bonnes personnes	Consacrer du temps aux relations
Jour 11	Jour 12	Jour 13	Jour 14	Jour 15
Revoir ses paradigmes	Affronter les conversations difficiles	Parler avec franchise	Être courageux sans manquer de tact	Faire preuve de loyauté
Jour 16	Jour 17	Jour 18	Jour 19	Jour 20
Favoriser la vérité en toute sécurité	Redresser les torts	Être un coach permanent	Protéger son équipe contre les urgences	Mettre en place des entretiens individuels réguliers
Jour 21	Jour 22	Jour 23	Jour 24	Jour 25
Permettre aux autres d'exercer leur intelligence	Créer une vision	Identifier les objectifs résolument prioritaires	Aligner les mesures sur les objectifs résolument prioritaires	Entretenir des méthodes pertinentes
Jour 26	Jour 27	Jour 28	Jour 29	Jour 30
Produire des résultats	Fêter les victoires	Prendre des décisions de grande valeur	Accompagner le changement	Devenir meilleur

DÉFI 10 :

CONSACRER DU TEMPS AUX RELATIONS

Dans les relations humaines, la lenteur fait
gagner du temps et la rapidité en fait perdre.
Mettez-vous ce principe en pratique ?

Imaginez le buffet du petit-déjeuner de votre hôtel préféré. Une miche de pain de mie peu ragoûtante trône souvent à côté des pains aux raisins tièdes, à attendre d'être toastée. Quand de nombreux clients se présentent au buffet, un simple grille-pain ne suffit pas, il faut souvent une machine à toaster aux dimensions industrielles. Vous posez votre tranche de pain sur la grille métallique et, en quarante-cinq secondes environ, elle la projette sur le plateau inférieur, parfaitement grillée.

> JE METS LA PLUPART DE MES RENCONTRES DANS UN GRILLE-PAIN MÉTAPHORIQUE QUE JE RÈGLE ENSUITE SUR « RAPIDE ». C'EST MA PERSONNALITÉ IMPULSIVE, IMPATIENTE ET DIRECTE QUI ME POUSSE À TRAITER LES GENS COMME DES TOASTS. EST-CE EFFICACE ? SANS VOULOIR VOUS COUPER L'APPÉTIT, JE DIRAIS QUE C'EST UNE TECHNIQUE MOISIE.

Ce procédé n'a jamais fonctionné pour moi, pas une seule fois.

Pourquoi ? Quand arrive mon tour de mettre mon pain à griller, j'opte immanquablement pour le réglage le plus rapide. Ce n'est pas que j'aime les toasts très peu grillés, mais je suis incapable (pour des raisons chimiques, biologiques ou physiques) de rester planté devant cette machine d'une lenteur insoutenable qui grille tant bien que mal à un rythme abrutissant. Je tourne le bouton sur le maximum pour la pousser comme je peux, et je me retrouve avec (surprise !) du pain vaguement chaud.

Bienvenue dans mes relations avec les gens. Je mets la plupart de mes rencontres dans un grille-pain métaphorique que je règle ensuite sur « rapide ». C'est ma personnalité impulsive, impatiente et directe qui me pousse à traiter les gens comme des toasts. Est-ce efficace ? Sans vouloir vous couper l'appétit, je dirais que c'est une technique moisie.

Heureusement, j'ai reçu une précieuse leçon de Chuck Farnsworth, l'un de mes premiers chefs d'entreprise et mentors, qui m'a appris à dégager du temps pour les autres. Cette histoire remonte au début de ma carrière professionnelle, alors que je travaillais comme représentant commercial pour notre département éducatif. Je vendais des solutions de développement en leadership aux universités et établissements d'enseignement supérieur, et Chuck était notre vice-président fondateur. Nous avons organisé un grand dîner avec la vice-présidente administrative de l'Université d'État de l'Ohio et toute son équipe. Cette vice-présidente était ce qui se faisait de mieux dans son domaine : issue de l'une des 50 meilleures entreprises, elle gérait à présent tous les équipements et le personnel logistique, tout en occupant d'innombrables autres fonctions dans l'une des plus grosses universités des États-Unis.

Mon plan était simple : tourner le grille-pain sur « rapide » et y mettre à chauffer cette vente déterminante. Et quand je dis déterminante, je ne plaisante pas, les enjeux étaient colossaux pour notre département éducatif, et pour moi personnellement. Heureusement, j'étais un jeune loup d'une vingtaine d'années avec du charisme à revendre et le bagout nécessaire pour arriver à mes fins. Dès que nous avons pris place autour de la table, j'ai commandé des apéritifs pour le groupe. Inutile de perdre du temps à demander les desiderata de chacun (ou leurs allergies éventuelles). Tout était sous contrôle. J'étais un missile à tête chercheuse réglé sur « vente ». Avec du recul, je me demande bien ce que ces professionnels chevronnés ont dû penser de moi.

Je me suis tout de suite lancé dans mon discours commercial, espérant conclure notre vente par un engagement verbal. Au début de ma routine bien huilée, je me rappelle nettement que Chuck a posé sa main sur mon genou, sous la table, resserrant les doigts pour tenter très opportunément de me sauver de moi-même. Ne sachant pas ce que Chuck voulait, mais sentant que je faisais fausse route, j'ai ralenti. Il a alors redirigé sans effort la conversation vers des intérêts communs, nos familles, et tous les domaines dans lesquels nous pouvions sincèrement nous rapprocher de notre cliente, des domaines qui n'avaient rien à voir avec la vente potentielle. Je vous laisse deviner si nous avons fini par signer le contrat.

Chuck a l'art et la manière de consacrer du temps au relationnel, non parce qu'il est habile, rusé ou expérimenté, mais parce qu'il s'intéresse sincèrement aux gens, à leurs réussites et leurs difficultés. Sa philosophie de vente est simple : pendant qu'il apprend à mieux connaître les autres et leurs besoins, s'il peut les aider en leur vendant l'une de nos solutions, tant mieux ! Place aux affaires. Sinon, chacun repart de son côté et il peut même leur recommander un autre fournisseur qui leur conviendrait mieux. C'est sans conteste la personne la plus efficace que j'aie jamais connue en matière de relations, une compétence incontournable chez tout leader.

Que les choses soient claires, si j'ai du mal avec ce défi en particulier, ce n'est pas parce que je sous-estime les relations en soi. Seulement, j'aime qu'elles évoluent à vive allure ! Par ailleurs, dans la vie, je ne m'excuse jamais pour ma productivité. En un mot, j'aime accomplir des choses. J'aime travailler dur et pousser les autres à de grandes réussites. J'adore les délais serrés et j'ai la réputation de travailler dans une urgence parfois exaspérante. On ne me demandera certainement jamais de prononcer un éloge funèbre ou une prière à Thanksgiving, mais si un incendie se déclare, je serai le premier que l'on viendrait appeler à l'aide. Vous aurez peut-être besoin d'une thérapie par la suite, mais je vous promets que vous en sortirez vivant !

J'apprends encore à lever le pied dans mes relations, et il y a du travail. Comme le dit souvent le docteur Covey : « Dans les relations humaines, la lenteur fait gagner du temps et la rapidité en fait perdre. »

Voici une illustration de ce principe, qui a eu un impact profond sur moi. Chaque matin, j'achète plusieurs journaux dans la boutique-souvenir d'un hôtel près de chez moi. La dame qui a travaillé en caisse pendant plusieurs années n'était pas née d'hier, comme on dit. D'un âge avancé, avec un accent indéfinissable, elle donnait l'impression d'avoir dépassé depuis longtemps l'âge du départ en retraite. Nous échangions quelques mots pendant qu'elle scannait mes articles, passait ma carte dans le lecteur et commentait le prix excessif de mes achats. Je lui souriais rapidement avant de partir en vitesse.

À de nombreuses reprises, j'ai vu cette femme en difficulté avec la machine à cartes, impolie envers les clients ou agacée quand quelqu'un retournait un article. C'était si récurrent, à vrai dire, que son incompétence et sa mauvaise volonté ont fini par me taper sur les nerfs. J'ai même envisagé de suggérer à un responsable qu'il était peut-être temps pour elle de « passer à autre chose ».

Puis un matin, alors que nous procédions à nos échanges habituels, cette femme m'a annoncé que c'était son avant-dernier jour, elle prenait enfin sa retraite et retournait en France pour vivre avec sa fille. Cela m'a un peu étonné (je n'aurais pas cru que son accent était français), mais mon réglage « rapide » m'a vite poussé à poursuivre le cours de ma matinée. J'ai marmonné quelques félicitations et je suis parti.

J'ai repensé à notre brève conversation plusieurs fois dans la journée, sans trop savoir pourquoi elle me revenait toujours en mémoire, même tard dans la soirée. Dans les relations humaines, la lenteur fait gagner du temps et la rapidité en fait perdre. J'avais toujours été rapide avec cette femme, malgré nos innombrables échanges. Je me suis demandé quel en était le prix.

Le lendemain matin, mon empathie et ma concentration étaient au maximum. Mon fils de huit ans et moi sommes passés acheter un bouquet à la supérette du coin et nous nous sommes rendus à la boutique-souvenir. Dès que nous sommes entrés, mon fils lui a offert le bouquet. À l'évidence, elle était stupéfaite. C'est alors que je l'ai vraiment écoutée pour la première fois. J'ai plus appris en cinq minutes, dans ce court moment où j'ai pris du temps pour la relation, qu'en un an. Elle m'a révélé, sans surprise, qu'elle allait sur ses quatre-vingts ans, qu'elle travaillait à l'hôtel depuis treize ans et qu'elle vivait aux États-Unis depuis l'âge de cinquante ans. Elle était née en Rhodésie (actuel Zimbabwe), où elle avait grandi en tant que jeune fille blanche dans une culture à dominante noire. Elle m'a dit que ses parents lui avaient inculqué une éthique professionnelle sans faille (voilà pourquoi elle travaillait encore alors qu'elle aurait pu s'arrêter depuis longtemps) et qu'elle avait acheté son premier vélo à l'âge de dix ans avec son propre argent. Elle était ravie de pouvoir enfin passer du temps avec sa fille en France, mais en pleurs, elle m'a avoué qu'elle avait peur de l'avenir.

Son histoire (à laquelle je ne rends pas justice dans ces lignes) est celle d'une femme étonnante à la vie hors du commun. Parce que je n'avais jamais pensé à ralentir et à prendre du temps pour elle, j'étais passé à côté d'une relation plus authentique, ne serait-ce que quelques minutes chaque matin. Au moins, nous ne nous sommes pas séparés de cette façon.

Chaque matin, en achetant mes journaux à la boutique-souvenir, je me surprends à espérer qu'elle va bien. Il y a vingt ans, je n'aurais pas ralenti mon mode « rapide » par défaut. Mais aujourd'hui, j'y travaille (et j'essaie de partager cette leçon avec mes trois fils).

Les vraies relations nous obligent à lever le pied, même lorsque tout autour de nous exige que nous allions plus vite. Mais à l'image de mon pain grillé (ou tout juste tiède, en l'occurrence), notre efficacité en tant que leaders (et parents) dépend du temps que nous prenons pour bien faire.

DU CHAOS AU SUCCÈS :

CONSACRER DU TEMPS AUX RELATIONS

- Demandez-vous si, par défaut, vous êtes réglé sur « rapide » ? Si oui, est-ce que cela vous pénalise, vous et les autres ? Votre logique d'efficacité nuit-elle à une logique d'efficience qui pourrait vous être plus bénéfique ?

- Comprenez qu'il n'est pas possible de développer une relation « efficacement ». La confiance, le respect et la bonne entente exigent du temps et de l'investissement.

- Ralentissez intentionnellement et établissez des liens avec les autres, selon leurs préférences.

- Engagez-vous à demander à un membre de votre équipe ou à un collègue comment il va, et écoutez vraiment ce qu'il vous dit. Si le cas le permet, explorez sincèrement sa réponse.

- Interrogez-vous sur votre rapport au temps :

  1. Accordez-vous du temps à des personnes ou à des situations sans rapport avec une quelconque productivité ou valeur ?

  2. Vos échanges sont-ils axés sur le recueil d'informations ou sur le renforcement des relations ? Engagez-vous à travailler les deux aspects.

Jour 1 Faire preuve d'humilité	**Jour 2** Penser avec abondance	**Jour 3** Commencer par écouter	**Jour 4** Déclarer ses intentions	**Jour 5** Prendre et tenir ses engagements
Jour 6 Incarner sa propre météo	**Jour 7** Inspirer la confiance	**Jour 8** Créer un équilibre entre vie professionnelle et vie privée	**Jour 9** Attribuer les bonnes fonctions aux bonnes personnes	**Jour 10** Consacrer du temps aux relations
Jour 11 Revoir ses paradigmes	**Jour 12** Affronter les conversations difficiles	**Jour 13** Parler avec franchise	**Jour 14** Être courageux sans manquer de tact	**Jour 15** Faire preuve de loyauté
Jour 16 Favoriser la vérité en toute sécurité	**Jour 17** Redresser les torts	**Jour 18** Être un coach permanent	**Jour 19** Protéger son équipe contre les urgences	**Jour 20** Mettre en place des entretiens individuels réguliers
Jour 21 Permettre aux autres d'exercer leur intelligence	**Jour 22** Créer une vision	**Jour 23** Identifier les objectifs résolument prioritaires	**Jour 24** Aligner les mesures sur les objectifs résolument prioritaires	**Jour 25** Entretenir des méthodes pertinentes
Jour 26 Produire des résultats	**Jour 27** Fêter les victoires	**Jour 28** Prendre des décisions de grande valeur	**Jour 29** Accompagner le changement	**Jour 30** Devenir meilleur

DÉFI 11 :

REVOIR SES PARADIGMES

Estimez-vous les gens et les
situations avec précision ?

On vous a menti toute votre vie. Certains mensonges sont infimes, ils vous sont racontés lorsque vous regardez une série télévisée ou un film au cinéma. On accepte volontiers que l'on nous mente de cette manière, à tel point qu'il existe même un terme pour cela : la suspension de l'incrédulité. On passe une sorte d'accord avec le réalisateur : Si tu me promets de me divertir, je te promets d'arrêter de *ne pas* croire aux extra-terrestres et à un héros capable de sauver l'univers à lui tout seul. On accepte ces petits mensonges comme un divertissement inoffensif. D'autres, en revanche, sont plus conséquents. On se les ressasse fréquemment au sujet des autres et de leurs intentions. Il existe également un terme pour ce type de mensonge : l'erreur fondamentale d'attribution. L'une des raisons pour lesquelles on laisse aux mensonges une place dans sa vie, c'est qu'on ne prend pas le temps de revoir ses paradigmes.

Le docteur Covey a popularisé le terme « paradigme », qui provient de la racine grecque *paradigma*, signifiant un schéma, un modèle ou une représentation. Nos paradigmes sont les perceptions, les cadres de référence, les visions du monde, les systèmes de valeurs ou tout simplement les lunettes au travers desquelles nous voyons tout et tout le monde, y compris nous-mêmes. Ils donnent un sens, vrai ou faux, au monde qui nous entoure, et influencent notre interprétation de ce que nous voyons et vivons, ainsi que nos manières d'interagir et d'entrer en relation avec les autres.

NOS PARADIGMES SONT PEUT-ÊTRE LES OUTILS LES PLUS PUISSANTS QUE NOUS AYONS DANS NOS INTERACTIONS AVEC LES AUTRES. UNE INTROSPECTION SÉRIEUSE NOUS PERMETTRA DE REVOIR NOTRE OPINION SUR LES AUTRES ET DE CORRIGER TOUTE PERCEPTION ERRONÉE OU CONVICTION DÉPASSÉE.

J'avais autrefois une amie qui avait réussi dans l'industrie du cinéma, dont le nom figurait sur de très nombreux génériques. Elle travaillait principalement dans le domaine de la production de films et d'émissions télévisées. Cette amie m'a dit un jour quelque chose dont je suis sûr qu'elle ne se souviendrait pas (d'ailleurs, elle n'était peut-être pas aussi sérieuse que moi, sur le moment, toujours est-il que je réfléchis encore à ses mots depuis trois décennies maintenant). En parlant d'un acteur prometteur, elle a dit : « Je l'ai connu quand il n'était rien. » C'est une phrase que j'ai aussi entendue dire à propos d'autres acteurs.

Ce n'est pas la méchanceté ou la désobligeance de ces remarques qui m'a frappé, mais le paradigme qu'elles révélaient. Au cours de sa carrière, cette ancienne amie avait travaillé avec de nombreuses célébrités. Nombre d'entre elles avaient commencé comme artistes sans le sou, jouant dans des théâtres communautaires et vivant au jour le jour, avant de se frayer un chemin vers la gloire et la richesse (contrairement à vous et moi, qui avons été catapultés à des postes de direction sans travailler dur ni acquérir de l'expérience ; je recommande vivement cette deuxième stratégie ; envoyez-moi un e-mail à scott.miller@franklincovey.com et dites-moi comment ça s'est passé pour vous). D'après le paradigme sur lequel elle semblait se baser, personne ne mérite jamais vraiment son succès. Les célébrités qu'elle mentionne étaient inéluctablement renvoyées à leur point de départ. C'est plutôt absurde, car nous avons tous commencé quelque part – à l'exception des membres de la royauté, et j'ai comme l'impression que beaucoup d'entre eux cherchent à en sortir. La puissance de ce paradigme a façonné ses pensées, ses actions et ses convictions concernant les personnes qu'elle côtoyait. Elle avait un paradigme fixe définissant les gens selon ce qu'ils étaient « à leurs débuts » et non ce qu'ils devenaient en fin de compte. C'est à cause du même piège limitatif que je suis tombé dans le chaos managérial.

Je travaillais avec « Andy » depuis plus de dix ans, et nous avions noué une amitié en dehors de notre vie professionnelle. Nous nous invitions à nos fêtes d'anniversaire familiales, nous partagions nos soucis professionnels autour d'un barbecue, et c'était quelqu'un que je respectais profondément et en qui j'avais confiance. Pourtant, malgré notre amitié et notre longue histoire professionnelle, nous avons eu une brouille en public (l'une des rares disputes de toute ma vie, mais non moins douloureuse).

Quand j'ai rencontré Andy, c'était un associé débutant – jeune, compétent, sympathique et bûcheur. Comme j'étais à la fois plus âgé et plus ancien que lui dans l'entreprise, j'ai basé une partie de mon paradigme sur notre rapport hiérarchique : ma carrière est plus avancée que la tienne. Avouons-le, une bonne partie de mon estime personnelle était liée à ma position, et ces quelques échelons de différence entre nous me semblaient plus rassurants.

Le problème avec ce paradigme, c'est qu'Andy a été promu grâce à son travail acharné, à la réussite de ses projets et au perfectionnement de ses compétences professionnelles. Pendant tout ce temps, je n'ai jamais revu mon paradigme ni opéré le moindre travail d'introspection pour savoir pourquoi la hiérarchie était si importante pour moi. Notre brouille était due à la collision inévitable entre mon paradigme dépassé et une nouvelle réalité.

Quelle arrogance de ma part !

La situation a atteint son paroxysme lorsqu'Andy, qui travaillait désormais sur un projet pour le PDG directement, a demandé à mon équipe des échantillons du travail en cours. Je suis le premier à admettre qu'Andy faisait simplement son travail et exécutait les ordres du patron. Soit. L'ennui, c'était que j'avais depuis longtemps pour politique de ne *jamais* montrer d'extraits du travail en cours, car cela ne faisait que rarement bonne impression, voire jamais. En raison de la nature des projets, mon équipe ne pouvait montrer à la direction que le produit fini, ou presque. Il était difficile de demander aux parties prenantes de visualiser un échantillon et de comprendre quel en serait l'aboutissement. Là où mon paradigme m'a causé du tort, ce n'est pas la nature de la demande (plutôt raisonnable, en soi), mais le fait que je considérais Andy comme mon subalterne. Ainsi, au lieu d'expliquer mon point de vue et de lui proposer d'aller voir le président pour mieux comprendre sa demande, j'ai réagi comme envers un subordonné qui ne respecterait pas mes procédés de travail. J'ai été véhément, l'interrompant publiquement devant toute mon équipe avant de le renvoyer les mains vides. Pour une raison quelconque, mon paradigme au sujet d'Andy et de ses fonctions était resté bloqué, rigide. Cela n'excuse pas mon comportement, mais me permet d'en comprendre la raison et mon besoin de changer.

Plus tard ce jour-là, ainsi que les suivants, j'ai essayé de m'excuser, mais notre relation s'était dégradée, atteignant un point de non-retour. Avec le recul, il est évident que certains paradigmes peuvent être vrais au départ, mais ont tendance à évoluer avec le temps. On peut très bien se retrouver avec un paradigme inexact même sans vision négative. Un paradigme peut être un instantané dans le temps. Si vous restez trop longtemps sans le réviser, vous risquez de ne pas voir les gens (et même le monde) changer autour de vous. C'est une leçon qui s'est avérée difficile pour nous deux, malheureusement.

Heureusement pour Andy, il n'a pas eu besoin de moi pour réussir et il est devenu un associé très actif dans l'entreprise. Quant à moi, depuis cet épisode, je m'efforce d'être attentif à ma façon de voir les autres, les situations et la nature de mes paradigmes. Honnêtement, je peux affirmer que je suis meilleur qu'avant.

Nos paradigmes sont peut-être les outils les plus puissants que nous ayons dans nos interactions avec les autres. Une introspection sérieuse nous permettra de revoir notre opinion sur les autres et de corriger toute perception erronée ou conviction dépassée.

DU CHAOS AU SUCCÈS :
REVOIR SES PARADIGMES

- Dressez la liste de toutes les personnes qui travaillent sous votre supervision directe. Puis réfléchissez aux paradigmes que vous entretenez envers chacun et leurs mérites en vue d'une promotion. Êtes-vous prêt à en contester l'exactitude ? Ces paradigmes pourraient-ils être inexacts ?

- Si vous deviez suspendre votre paradigme actuel envers une personne, pourrait-elle mériter sa place dans un paradigme différent ? Si oui, comment ? Qu'auriez-vous besoin de « voir » pour cela ?

- Appliquez ce défi à vous-même. Cherchez un ami ou un collègue en qui vous ayez confiance et demandez-lui de partager son paradigme à votre égard – en tant que leader, ami, collègue ou quel que soit son rôle auprès de vous. Pouvez-vous faire preuve de maturité et d'introspection afin d'évoluer vers le paradigme que vous aimeriez qu'il adopte ?

- Pour fonctionner, une révision des paradigmes nécessite souvent un regard approfondi sur soi-même. Ce n'est pas une solution miracle. Posez-vous la question : Suis-je prêt à payer le prix pour changer mon état d'esprit ?

Jour 1	Jour 2	Jour 3	Jour 4	Jour 5
Faire preuve d'humilité	Penser avec abondance	Commencer par écouter	Déclarer ses intentions	Prendre et tenir ses engagements

Jour 6	Jour 7	Jour 8	Jour 9	Jour 10
Incarner sa propre météo	Inspirer la confiance	Créer un équilibre entre vie professionnelle et vie privée	Attribuer les bonnes fonctions aux bonnes personnes	Consacrer du temps aux relations

Jour 11	Jour 12	Jour 13	Jour 14	Jour 15
Revoir ses paradigmes	Affronter les conversations difficiles	Parler avec franchise	Être courageux sans manquer de tact	Faire preuve de loyauté

Jour 16	Jour 17	Jour 18	Jour 19	Jour 20
Favoriser la vérité en toute sécurité	Redresser les torts	Être un coach permanent	Protéger son équipe contre les urgences	Mettre en place des entretiens individuels réguliers

Jour 21	Jour 22	Jour 23	Jour 24	Jour 25
Permettre aux autres d'exercer leur intelligence	Créer une vision	Identifier les objectifs résolument prioritaires	Aligner les mesures sur les objectifs résolument prioritaires	Entretenir des méthodes pertinentes

Jour 26	Jour 27	Jour 28	Jour 29	Jour 30
Produire des résultats	Fêter les victoires	Prendre des décisions de grande valeur	Accompagner le changement	Devenir meilleur

DÉFI 12 :

AFFRONTER LES CONVERSATIONS DIFFICILES

Avez-vous déjà évité une conversation difficile,
et sans le vouloir, aggravé ainsi la situation ?

En tant que leader, vous avez certainement l'occasion de faire des choses passionnantes. En fonction de la culture de votre entreprise, de votre champ d'action, de votre budget et de vos responsabilités, vous pouvez avoir un impact réel et apprendre beaucoup en cours de route. Il relève sans doute de vos attributions de :

- recevoir en entretien et embaucher de nouveaux collaborateurs,
- encadrer les membres de votre équipe et voir leurs améliorations,
- complimenter et soutenir les employés les plus performants,
- concevoir des stratégies et revoir les normes de votre entreprise, voire de votre secteur économique,
- reconnaître les succès et décerner des prix et des primes,
- commander à déjeuner et fêter les victoires de l'équipe,
- décider de l'ordre du jour de vos réunions et diriger les échanges,
- répartir les projets à votre guise.

Votre poste est indubitablement agréable et gratifiant. Mais – et vous saviez qu'il y aurait un « mais » quelque part – il existe un aspect du management si intimidant que beaucoup préfèrent l'esquiver. Pourtant, si vous ne l'ajoutez pas à la liste ci-dessus, vous ne méritez tout bonnement pas votre poste. Je vais même aller plus loin : si vous ne le faites pas, démissionnez. Sans plus attendre. Appelez votre chef et dites-lui que vous ne pouvez plus continuer à occuper ce poste. Laissez quelqu'un d'autre prendre la relève. (Vous pouvez même céder votre calendrier fantaisie à votre remplaçant.)

... SI VOUS N'AFFRONTEZ PAS LES CONVERSATIONS DIFFICILES, DÉMISSIONNEZ. SANS PLUS ATTENDRE. APPELEZ VOTRE CHEF ET DITES-LUI QUE VOUS NE POUVEZ PLUS CONTINUER À OCCUPER CE POSTE. LAISSEZ QUELQU'UN D'AUTRE PRENDRE LA RELÈVE. (VOUS POUVEZ MÊME CÉDER VOTRE CALENDRIER FANTAISIE À VOTRE REMPLAÇANT.)

Le défi de leadership auquel je fais référence est votre capacité à saisir à bras-le-corps les conversations difficiles.

Devoir licencier quelqu'un, par exemple, est une conversation difficile, émettre une critique négative, ou encore trouver le moyen de faire comprendre à un collègue que son eau de toilette évoque une haleine de gnou au régime alimentaire douteux. Quel que soit le sujet, les conversations difficiles présentent deux caractéristiques communes : c'est dur et ça craint. Pourtant, si vous voulez vraiment être un leader (et vous pouvez très bien décider que ce n'est pas le cas), alors vous ne pouvez pas vous permettre de négliger les conversations difficiles. Ne les reléguez pas tout en bas de votre longue liste de choses à faire en estimant qu'elles ne sont pas importantes ou que vous pouvez vous en passer.

Ceux qui ont travaillé avec moi me trouvent à l'aise avec ces conversations parce que j'ai hérité d'un gène qui me permet de discuter facilement et librement des sujets réputés tabous. Je ne compte plus le nombre de fois où des associés, des amis et des pairs (et même ma femme) m'ont dit : « Mais pour *toi*, c'est si facile de dire ça à quelqu'un ! »

Voici ma réponse : Foutaises.

Contrairement à ce que tout le monde semble croire, je ne suis pas sorti du ventre de ma mère en disant à mes collègues qu'ils n'étaient pas assez coopératifs ou qu'ils devaient s'excuser auprès de quelqu'un qu'ils avaient lésé. Je n'ai pas non plus appris à fermer la porte de mon bureau pour annoncer à un collègue qu'il était offensant lors d'une réunion, ou que sa présentation d'une longueur excessive comportait l'interjection « hmm » trente-sept fois. L'aptitude à mener des conversations difficiles s'acquiert avec la pratique – et beaucoup de tentatives maladroites et d'échecs purs et simples. Je pourrais terminer ce chapitre en racontant des histoires de fiascos tellement cuisants et obsédants que vous n'envisageriez même pas d'en prendre la responsabilité. Mais là n'est pas la question. En matière de leadership, toute compétence difficile a droit à sa comparaison avec la salle de sport et la musculation, alors la voici : Si vous voulez des biceps (c'est clairement mon cas), il n'y a pas de miracle : une, deux, une, deux, encore et encore, bébé. Maintenant, appliquez ce leitmotiv à n'importe quel sport que vous pratiquez, oubliez que je vous ai appelé « bébé », et nous pouvons passer à autre chose.

Vous devez vous entraîner, faire des jeux de rôle et répéter ces conversations sans relâche. Avec le temps, vous vous améliorerez et ce ne sera plus si terrible. Mais voici la partie à laquelle vous ne vous attendiez certainement pas : il est fort possible que vous fournissiez à quelqu'un le genre d'informations que personne ne lui a jamais données auparavant. Réfléchissez-y un instant. En tant que leader, vous pouvez mettre un terme à des habitudes de toute une vie, éclairer les angles morts et aider vos collaborateurs à améliorer leur image de marque. Contrairement aux innombrables autres leaders bien intentionnés, mais qui n'ont jamais le courage d'être honnêtes, vous pouvez changer toute la trajectoire de vie d'une personne. C'est ça, le leadership en action.

Si vous êtes prêt à envisager une telle possibilité, je vous garantis que cela changera votre façon de concevoir les conversations difficiles. C'est tout un art de donner des conseils qui mettent en lumière les points à améliorer, sans équivoque, tout en ménageant l'estime et la confiance en soi d'un collègue. Quel est le secret ? Permettez-moi de vous suggérer trois pistes : la bonne intention, la pratique et l'apprentissage auprès des experts. Il n'y a pas de solution toute prête pour s'améliorer dans ce domaine. Tout d'abord, interrogez-vous sur votre intention et assurez-vous d'agir dans l'intérêt de la personne. Aucune technique éprouvée ne sera efficace si votre intention n'est pas bien fondée. Ensuite, prenez quelqu'un en qui vous avez confiance et entraînez-vous, sans révéler de noms ni d'informations sensibles. Jouez cette conversation difficile, demandez à votre interlocuteur ce qu'il en pense, puis recommencez le même jeu de rôle.

La troisième façon de maîtriser l'art des conversations difficiles consiste à apprendre auprès des experts. Il existe de bonnes ressources et, chez Franklin-Covey, nous enseignons aussi une série de bonnes et mauvaises pratiques. En voici quelques-unes :

- Ne restez pas bloqué dans la phase de préparation. L'entraînement est essentiel, mais ne vous en servez pas comme excuse pour ne jamais affronter la véritable conversation.

- Bannissez le vocabulaire comparatif : « Tu devrais rédiger tes rapports comme Emily. »

- Ne partez pas du principe que vous avez toutes les données. Il est possible qu'il y ait une histoire derrière l'histoire, et même si cela ne change pas la teneur de votre remarque, le complément de contexte peut corriger votre manière de vous exprimer.

- Pensez gagnant-gagnant. Assurez-vous que vos motivations soient authentiques.

- Décrivez ce qui vous préoccupe. Employez des termes tels que : « J'ai été surpris d'entendre » ou « Je suis préoccupé par »...

- Donnez des exemples précis. Concentrez-vous sur les faits plutôt que sur vos opinions.

- Écoutez. Concentrez-vous et réfléchissez à ce que ressent l'autre personne.

- Posez des questions ouvertes : « Les gens te perçoivent comme ça, peux-tu me dire pourquoi, à ton avis ? »

- Soyez aussi précis que possible sans empiéter sur la vie privée de votre interlocuteur. Il s'agit d'un équilibre délicat qui exige du tact et une véritable attention.

Les meilleurs leaders peuvent apprendre à mener des conversations difficiles auprès de leurs collègues plus expérimentés, de leurs équivalents hiérarchiques, d'autres membres de l'équipe et de spécialistes. Prenez le temps d'exposer la situation à une personne au niveau adéquat au sein de l'entreprise. Demandez-lui comment elle gérerait la conversation. En ce qui concerne la teneur du dialogue, j'aime penser à la manière, au lieu et au moment où moi, j'aimerais que ce genre de nouvelles me soit communiqué.

Autorisez-vous à commettre des erreurs dans votre apprentissage de cette compétence. Vous raterez certaines de ces conversations difficiles, je vous le garantis. Par conséquent, vous allez devoir vous excuser pour un choix de mots malheureux, une mauvaise intonation ou un échange trop rapide. Vous pouvez même ouvrir la conversation en déclarant sincèrement : « Je suis sûr que je vais mal m'exprimer, alors pardonne-moi d'avance si je me trompe, mais il y a un sujet sensible dont nous devons parler. »

Vous pouvez aussi demander conseil aux ressources humaines. Il m'est arrivé de remettre entièrement certaines conversations dont l'enjeu était important entre les mains des ressources humaines, en fonction du sujet ou de la sensibilité de telle ou telle question. Mais c'est rare. D'après mon expérience, vous devez assurer 95 % de ces conversations. Quand je repense aux moments mémorables de ma propre expérience en tant que leader, jusqu'à présent, il n'est pas rare que l'on m'ait dit (longtemps après mon intervention) : « Scott, tu es la seule personne dans ma carrière qui ait eu le courage de me dire... »

Au début de ce chapitre, j'ai écrit que savoir affronter les conversations difficiles était primordial et que, si vous n'étiez pas prêt pour cela, vous deviez renoncer à votre rôle de leader. J'espère que vous savez pourquoi maintenant : ce type de conversation a le potentiel et le pouvoir de changer radicalement la vie d'une personne, pour le meilleur, mais aussi pour le pire si elle n'est pas bien menée ou si vous vous y dérobez.

Une dernière chose. Le premier lâche venu est capable d'annoncer de mauvaises nouvelles ou de faire des remarques sévères. Il faut de la diplomatie, de l'empathie et de la réflexion pour faire en sorte que la conversation préserve l'estime de soi du destinataire, tout en lui donnant de l'espoir et une piste d'amélioration à suivre.

DU CHAOS AU SUCCÈS :

AFFRONTER LES CONVERSATIONS DIFFICILES

- Identifiez une conversation difficile que vous devez mener.

- Si vous la reportez, demandez-vous très honnêtement pourquoi. S'agit-il de la nature de votre relation avec l'autre personne ? De votre gêne vis-à-vis du sujet ? De vos compétences et de votre capacité à communiquer l'information de manière appropriée ? Trouvez la vraie racine de ce problème et réglez d'abord cette question.

- Identifiez un leader plus expérimenté avec qui vous pourrez jouer cette conversation au préalable. Soyez conscient des points sensibles et de la confidentialité.

- Prenez un moment pour revoir votre paradigme : portez-vous sur le problème un regard holistique ? Avez-vous en mains toutes les données pertinentes ? Avez-vous pris en compte le point de vue de l'autre et êtes-vous ouvert d'esprit quant au chemin à emprunter ?

Jour 1 Faire preuve d'humilité	**Jour 2** Penser avec abondance	**Jour 3** Commencer par écouter	**Jour 4** Déclarer ses intentions	**Jour 5** Prendre et tenir ses engagements
Jour 6 Incarner sa propre météo	**Jour 7** Inspirer la confiance	**Jour 8** Créer un équilibre entre vie professionnelle et vie privée	**Jour 9** Attribuer les bonnes fonctions aux bonnes personnes	**Jour 10** Consacrer du temps aux relations
Jour 11 Revoir ses paradigmes	**Jour 12** Affronter les conversations difficiles	**Jour 13** Parler avec franchise	**Jour 14** Être courageux sans manquer de tact	**Jour 15** Faire preuve de loyauté
Jour 16 Favoriser la vérité en toute sécurité	**Jour 17** Redresser les torts	**Jour 18** Être un coach permanent	**Jour 19** Protéger son équipe contre les urgences	**Jour 20** Mettre en place des entretiens individuels réguliers
Jour 21 Permettre aux autres d'exercer leur intelligence	**Jour 22** Créer une vision	**Jour 23** Identifier les objectifs résolument prioritaires	**Jour 24** Aligner les mesures sur les objectifs résolument prioritaires	**Jour 25** Entretenir des méthodes pertinentes
Jour 26 Produire des résultats	**Jour 27** Fêter les victoires	**Jour 28** Prendre des décisions de grande valeur	**Jour 29** Accompagner le changement	**Jour 30** Devenir meilleur

DÉFI 13 :

PARLER AVEC FRANCHISE

À quand remonte la dernière fois où, techniquement, vous avez dit la vérité, tout en donnant une impression trompeuse ?

Beaucoup sont passés maîtres dans une spécialité unique :

- Cuisine française : Julia Child
- Tennis : Roger Federer
- Magie : David Copperfield
- Parler avec franchise : Joan Rivers (et moi)

C'est dire à quel point j'ai de l'expérience dans ce domaine. Pour citer notre PDG : « Pas besoin d'interprète pour comprendre ce que pense Scott. » Je suppose que ce n'était pas un compliment, mais en même temps, ce défi est un peu compliqué pour moi. Parfois, un excès de force peut être tout aussi néfaste qu'une absence totale de cran.

C'était en 2004, à Chicago, et j'étais au milieu de mon « règne de la terreur » qui a duré six ans (comme mes associés de l'époque l'appellent maintenant). Les affaires étaient en plein essor et on se remettait tant bien que mal de la récession de 2001. J'avais encore du chemin à parcourir dans mon apprentissage du leadership, faisant généralement deux pas en avant pour un pas en arrière. Les tensions au bureau étaient palpables. Je ne m'en rendais pas compte, sur le moment, mais on me dit maintenant que j'étais un micro-manager classique et un insupportable Monsieur je-sais-tout – parfois sympathique, mais dans l'ensemble, redouté par beaucoup. C'était un rôle difficile à jouer : transformer un département qui n'avait pas eu de chef pendant près de deux ans, avec des associés démotivés ou qui profitaient carrément de l'entreprise. Cet aspect mis à part, tout a pris une tournure surprenante un jour.

Si le département dans son ensemble comptait une quarantaine d'associés, le bureau proprement dit était plus petit, une quinzaine de personnes, et nous travaillions en étroite collaboration. C'étaient des professionnels très compétents que j'avais moi-même embauchés, et ils s'appréciaient tous les uns les autres (retenez bien les mots-clés, « ils » et « les uns les autres »). Paul Walker, un vendeur débutant, est vite devenu un leader d'opinion au sein de l'équipe. Sans doute y a-t-il eu une réunion au cours de laquelle Paul a été désigné pour venir me parler avec franchise. Il est entré dans mon bureau, un matin, et avec un débit impeccable, m'a asséné son coup : « Tout le monde ici te déteste, et si rien ne change, nous allons tous démissionner. »

Voilà le genre de déclaration qui ne pouvait pas laisser beaucoup de place à l'interprétation. Ce n'était pas représentatif de Paul, car un tel cran et une telle franchise, surtout à l'époque, n'étaient pas sa marque de fabrique. C'était un employé assuré, mais toujours respectueux de ma position. Paul était plutôt du genre discret, à supporter des abrutis comme moi avant d'annoncer un jour qu'il s'en allait saisir sa chance ailleurs. Il a fermé la porte et nous sommes restés assis pendant plus de deux heures pour discuter, en toute transparence et sans tabous. Nous avons parlé de ce qui se passait et pourquoi, en nous écoutant mutuellement. Je me suis efforcé de comprendre la gravité de mon comportement, quant à Paul, il s'est assuré de comprendre toutes les pressions que je subissais de la part de mes supérieurs.

Nous avons pleuré, tous les deux. Je ne l'oublierai jamais : c'est certainement l'un des cadeaux les plus altruistes et généreux que l'on m'ait faits. Paul a décrit exactement ce que c'était que de travailler avec moi, en s'appuyant sur des échanges et des conversations spécifiques. Il m'a placé au pied du mur, cherchant à me faire comprendre tout le mal-être que je causais. Il m'a également donné l'occasion de partager mes propres difficultés, ce que c'était que d'être assis de mon côté du bureau chaque jour, les pressions que je subissais, certains des problèmes auxquels je faisais face. C'était une conversation très réparatrice et introspective.

> TOUTES LES CULTURES PROFESSIONNELLES NE VALORISENT PAS CE GENRE DE FRANCHISE. EN TANT QUE LEADER, C'EST À VOUS DE SENTIR VOTRE MARGE DE MANŒUVRE. LE FRANC-PARLER PEUT S'EXERCER AVEC RESPECT ET HONNEUR, SANS JAMAIS PORTER ATTEINTE À LA RÉPUTATION DE QUI QUE CE SOIT.

Après cela, je pense que les choses se sont progressivement améliorées. Je suis resté à la tête de l'équipe pendant environ trois ans et j'ai encadré Paul pour qu'il me succède à ce poste. En fin de compte, le franc-parler que j'ai toujours employé et montré aux autres, aussi désagréable qu'il puisse être, a été le catalyseur qui les a aidés à s'améliorer. En tout cas, je sais que la franchise dont Paul a fait preuve ce jour-là a joué ce rôle pour moi.

Toutes les cultures professionnelles ne valorisent pas ce genre de franchise. En tant que leader, c'est à vous de sentir votre marge de manœuvre. Le franc-parler peut s'exercer avec respect et honneur, sans jamais porter atteinte à la réputation de qui que ce soit.

Quelle serait l'attitude contraire ? Des manières, des postures, des tours et détours. Peut-être dire techniquement la vérité, tout en donnant une impression qui induit en erreur.

Ne pas parler avec franchise, c'est un terrain dangereux en leadership, car la vérité finit toujours par éclater. Le dirigeant est alors contraint soit de mentir ouvertement, soit d'admettre qu'il a délibérément donné une fausse impression.

Dans un cas comme dans l'autre, sa crédibilité risque de suivre une pente glissante qui le mènera tout au fond de la cuvette.

Mais dans ce cas, qu'en est-il des tours et détours *bien intentionnés* ? Vous savez, les petits mensonges qui ménagent les susceptibilités et évitent les dégâts psychologiques ? Des chercheurs ont découvert que mentir pour « aider » une autre personne est presque toujours perçu comme positif, tandis que le mensonge qui n'a aucun effet sur l'autre, ou pire, qui lui cause du tort, est perçu comme négatif.

Alors, que fait le leader compétent ? Est-ce acceptable de s'attarder dans cette zone de flou entre le mensonge et la vérité, tant que vos intentions sont bonnes ? Non, pas vraiment.

Heureusement, Stephen M. R. Covey a abordé ce sujet hautement philoso-phique dans son livre *Le Pouvoir de la confiance*. Il y définit la franchise comme « l'honnêteté en action », à savoir dire la vérité et laisser la bonne impression. D'après lui, le franc-parler des bons leaders est « tempéré par la compétence, le tact et le discernement ».

Par nature, la culture d'une entreprise découle du sommet de la pyramide. Vos équivalents hiérarchiques communiquent-ils clairement ? Appelez-vous un chat un chat ? Figurez-vous que les mots sont importants. Vraiment *très* importants. Pour un leader, s'exprimer avec franchise revient à employer un vocabulaire clair, précis et simple afin de s'assurer que tout ce qui est dit est entendu et, peut-être plus important encore, que ce qui est entendu est compris. Les leaders qui parlent avec franchise :

- nomment les choses par leur nom en utilisant un langage courant et simple,
- ne tergiversent pas pour sauver les apparences,
- disent la vérité avec tact, mais clarté,
- n'essaient pas de paraître plus malins qu'ils le sont.

Les leaders qui parlent avec franchise transmettent à leurs interlocuteurs un message clair et précis, sans ajouts inutiles susceptibles de les déconcentrer ou de les troubler. Oubliez les diapos superflues, les longs discours démonstratifs, les mots pompeux pour impressionner ou intimider. Vous ne devez pas laisser de place aux mauvaises interprétations ou aux suppositions. Fuyez la langue de bois comme la peste.

DU CHAOS AU SUCCÈS :

PARLER AVEC FRANCHISE

- Réfléchissez aux circonstances et aux personnes avec lesquelles vous avez tendance à user de tours et de détours, voire à dissimuler la vérité.

- Identifiez les raisons qui vous empêchent de vous exprimer avec franchise.

  1. Parlez-vous différemment avec votre chef et avec vos équivalents ?

  2. Certains types de collègues encouragent-ils ou découragent-ils votre franchise ? Pourquoi ?

- La prochaine fois que vous vous surprendrez à tergiverser, marquez une pause, puis trouvez une façon plus précise et nuancée de dire toute la vérité.

Jour 1	**Jour 2**	**Jour 3**	**Jour 4**	**Jour 5**
Faire preuve d'humilité	Penser avec abondance	Commencer par écouter	Déclarer ses intentions	Prendre et tenir ses engagements
Jour 6	**Jour 7**	**Jour 8**	**Jour 9**	**Jour 10**
Incarner sa propre météo	Inspirer la confiance	Créer un équilibre entre vie professionnelle et vie privée	Attribuer les bonnes fonctions aux bonnes personnes	Consacrer du temps aux relations
Jour 11	**Jour 12**	**Jour 13**	**Jour 14**	**Jour 15**
Revoir ses paradigmes	Affronter les conversations difficiles	Parler avec franchise	Être courageux sans manquer de tact	Faire preuve de loyauté
Jour 16	**Jour 17**	**Jour 18**	**Jour 19**	**Jour 20**
Favoriser la vérité en toute sécurité	Redresser les torts	Être un coach permanent	Protéger son équipe contre les urgences	Mettre en place des entretiens individuels réguliers
Jour 21	**Jour 22**	**Jour 23**	**Jour 24**	**Jour 25**
Permettre aux autres d'exercer leur intelligence	Créer une vision	Identifier les objectifs résolument prioritaires	Aligner les mesures sur les objectifs résolument prioritaires	Entretenir des méthodes pertinentes
Jour 26	**Jour 27**	**Jour 28**	**Jour 29**	**Jour 30**
Produire des résultats	Fêter les victoires	Prendre des décisions de grande valeur	Accompagner le changement	Devenir meilleur

DÉFI 14 :

ÊTRE COURAGEUX SANS MANQUER DE TACT

Vos victoires se font-elles au détriment
des autres ? Ou permettez-vous aux
autres de gagner à vos dépens ?

La plupart des trente défis de leadership exposés dans ce livre ne me viennent pas naturellement (et pourtant, j'ai consacré presque toute ma carrière au développement du leadership). J'ai dû apprendre ces pratiques à la dure, souvent par l'échec, les reproches publics ou l'humiliation pure et simple. Ce défi ne fait pas exception.

Les meilleurs leaders œuvrent constamment et sans relâche à conserver un juste équilibre entre courage et tact. Le courage, c'est savoir dire les choses telles qu'elles sont, interpeller les gens, affronter les conversations difficiles et aborder les questions délicates. Parfois, cela signifie aussi ne *rien* dire. Sous une forme excessive, le courage peut pencher vers l'intimidation, l'arrogance, le manque de diplomatie ou carrément d'empathie. Avoir du tact revient à faire preuve de gentillesse, être prévenant et positif envers les autres. De même, un excès de tact peut se transformer en esquive, négligence et attitude démissionnaire. La plupart d'entre nous ont une tendance naturelle à l'un ou l'autre de ces écueils – votre style sera influencé par votre éducation, votre cadre de vie et même votre époque. Dans le podcast que j'anime, j'ai raconté qu'à la fin de mon adolescence, une nouvelle voisine avait emménagé en face de chez moi. Pour moi, elle était l'incarnation du succès : elle avait acheté une belle maison, possédait deux voitures de sport, gérait une entreprise florissante et employait une nounou. Je considérais son style tapageur, abrupt et autoritaire comme le secret de sa réussite. Je dois admettre que je me le suis rapidement approprié. Presque du jour au lendemain, le jeune homme plutôt passif et facilement intimidé a commencé à devenir sûr de lui. (Ma femme me corrigerait gentiment en optant pour le terme « agressif ».)

COMMENT LES LEADERS TROUVENT-ILS CET ÉQUILIBRE SANS NÉGLIGER LES BESOINS, PRÉFÉRENCES ET CARACTÉRISTIQUES DIVERSES DES MEMBRES DE LEURS ÉQUIPES ? EN DONNANT LEUR OPINION AVEC COURAGE, MAIS ÉGALEMENT EN USANT DE TACT POUR SOULIGNER LES ERREURS (Y COMPRIS LES LEURS) ET DE DIPLOMATIE POUR RELEVER LES POINTS À AMÉLIORER, TOUT EN TENANT COMPTE DES SENTIMENTS, DES INCERTITUDES ET DES NORMES CULTURELLES DE CHACUN.

Cette attitude axée sur le courage a bien fonctionné au lycée et dans mes divers emplois étudiants. Mais quand je suis entré pour de bon dans la vie active, j'avais tellement négligé le tact que j'étais constamment remis à ma place, jusqu'à me faire virer de mon premier poste. Je ne manquais pas de courage pour tracer ma propre voie et faire les choses à ma façon, mais il me manquait le tact nécessaire pour collaborer avec les autres. Afin de me remettre sur les rails, j'ai dû faire des compromis, m'adapter à de nouvelles cultures d'entreprise, apprendre la valeur de la diplomatie et prendre conscience de la valeur des autres.

Comme il est intéressant de le remarquer, même si vous trouvez un bon équilibre sur le plan personnel, certaines cultures d'entreprise, d'équipe ou même de poste peuvent exiger plus de courage ou de tact que vous n'y êtes habitué. Chaque culture a son propre équilibre. Certaines valorisent des attitudes plus audacieuses et directes, tandis que d'autres privilégieront la discrétion afin d'éviter les conflits. Par exemple, lorsque votre chef annonce qu'il est désormais interdit de porter une tenue décontractée le vendredi, votre équipe s'y oppose-t-elle farouchement ou baisse-t-elle la tête tout en se lamentant tout bas ? Dans certaines cultures d'entreprise, il faut parfois une baguette de sourcier pour trouver le bon équilibre.

Au cours de ma carrière, on m'a qualifié d'éléphant dans un magasin de porcelaine. Le « magasin de porcelaine » en question, c'est l'entreprise FranklinCovey, dont la culture a toujours penché vers l'excès de tact. La culture y favorise généralement la prévenance, la courtoisie, et évite le conflit – à l'image de l'Utah, où se trouve le siège de l'entreprise (ce qui n'est pas forcément une mauvaise chose). Nos méthodes « conservatrices » ont été un atout majeur pour notre croissance, notre succès auprès des clients et notre crédibilité amplement méritée au cours des trente-cinq dernières années. Mais cette culture basée sur le tact et la considération peut entraver l'intégration de personnel au style plus aventureux. Comme moi, par exemple.

Cet « éléphant » qui vous parle présente ce que beaucoup appelleraient une « personnalité de la côte Est ». En d'autres termes, un penchant pour la témérité. Comme je l'ai dit, il s'agit d'un style que j'ai délibérément cultivé, même s'il est vrai que sur la côte Est, nous sommes plutôt du genre : « Je te le dis comme je le pense. » (Évidemment, tous les habitants d'une région ou d'une culture particulière ne sont pas identiques, mais accordez-moi cette généralisation.) Ajoutez à cela la langue de bois stéréotypée de l'Utah et vous obtiendrez l'inévitable chaos de l'éléphant dans le magasin de porcelaine.

Quand j'ai quitté la côte Est pour l'Utah, j'ai dû revoir mon équilibre et apprendre un nouveau langage afin de décoder certaines nuances verbales, corporelles et culturelles qui m'étaient inconnues. Quand quelqu'un au travail disait : « Scott, tu es très drôle », ce n'était pas pour rire, et ce n'était pas flatteur. C'était la formulation de l'Utah pour me dire : « Scott, tu es plutôt vexant, on ne parle pas comme ça ici. » Je parie que si j'avais déménagé dans le New Jersey au lieu des Wasatch Mountains, on m'aurait trouvé vaguement amusant et assez insipide.

Comment les leaders trouvent-ils cet équilibre sans négliger les besoins, préférences et caractéristiques diverses des membres de leurs équipes ? En donnant leur opinion avec courage, mais également en usant de tact pour souligner les erreurs (y compris les leurs) et de diplomatie pour relever les points à améliorer, tout en tenant compte des sentiments, des incertitudes et des normes culturelles de chacun. Les différences de cultures, qu'elles soient liées à la géographie ou au type d'entreprise, ont une incidence sur l'équilibre entre courage et tact, mais avec de bons principes, les leaders peuvent s'épanouir partout. Après tout, la plupart des gens veulent entendre la vérité lorsqu'elle est présentée avec respect. Les meilleurs leaders parviennent efficacement à gérer leurs émotions tout en suscitant une grande confiance dans leurs équipes. On les considère comme des personnes diplomates et dignes de confiance, avec la tête sur les épaules.

De nombreux malentendus culturels et conflits interpersonnels sont causés par des leaders pourtant très compétents et bien intentionnés, qui ne parviennent pas à trouver le juste équilibre entre courage et tact. Je ne suis certainement pas le seul à l'avoir appris à la dure. Peut-être avons-nous adopté le style de nos parents, essayé d'imiter tel politicien ou telle personnalité de premier plan que nous admirions, ou encore passé trop de temps à penser à la nouvelle voisine célibataire et à ses deux voitures de sport. Mais si nous ne trouvons pas consciemment le juste équilibre entre courage et tact, alors nos résultats et nos relations en souffriront. Prendre conscience de son déséquilibre est la première étape pour rétablir l'équilibre.

DU CHAOS AU SUCCÈS :
ÊTRE COURAGEUX SANS MANQUER DE TACT

- Trouvez un collègue en qui vous avez confiance. Demandez-lui des exemples précis de situations où il vous a vu en déséquilibre. Demandez :

    1. Quand as-tu l'impression que je suis trop gentil ou trop attentionné ?

    2. Quand m'as-tu vu trop dur, corrosif ou « rentre-dedans » avec les autres ?

- Soyez attentif aux déclencheurs susceptibles de vous pousser à l'excès, du côté du courage comme du tact. Il peut s'agir de personnes, de situations ou de sujets spécifiques.
- Ayez le courage de demander et de réagir en fonction.

Jour 1	Jour 2	Jour 3	Jour 4	Jour 5
Faire preuve d'humilité	Penser avec abondance	Commencer par écouter	Déclarer ses intentions	Prendre et tenir ses engagements

Jour 6	Jour 7	Jour 8	Jour 9	Jour 10
Incarner sa propre météo	Inspirer la confiance	Créer un équilibre entre vie professionnelle et vie privée	Attribuer les bonnes fonctions aux bonnes personnes	Consacrer du temps aux relations

Jour 11	Jour 12	Jour 13	Jour 14	Jour 15
Revoir ses paradigmes	Affronter les conversations difficiles	Parler avec franchise	Être courageux sans manquer de tact	Faire preuve de loyauté

Jour 16	Jour 17	Jour 18	Jour 19	Jour 20
Favoriser la vérité en toute sécurité	Redresser les torts	Être un coach permanent	Protéger son équipe contre les urgences	Mettre en place des entretiens individuels réguliers

Jour 21	Jour 22	Jour 23	Jour 24	Jour 25
Permettre aux autres d'exercer leur intelligence	Créer une vision	Identifier les objectifs résolument prioritaires	Aligner les mesures sur les objectifs résolument prioritaires	Entretenir des méthodes pertinentes

Jour 26	Jour 27	Jour 28	Jour 29	Jour 30
Produire des résultats	Fêter les victoires	Prendre des décisions de grande valeur	Accompagner le changement	Devenir meilleur

DÉFI 15 :

FAIRE PREUVE DE LOYAUTÉ

À quand remonte la dernière fois où
vous avez colporté des ragots ou
dénigré quelqu'un dans son dos ?

Est-ce dans la nature humaine de faire des commérages ? J'en ai bien peur.

BOB WHITMAN, NOTRE PDG, EST UN EXEMPLE DE LOYAUTÉ AU SOMMET DE LA HIÉRARCHIE. BOB NE FAIT PAS DE COMMÉRAGES, ET IL NE LES TOLÈRE PAS NON PLUS CHEZ LES AUTRES. POUR LUI, C'EST RÉDHIBITOIRE. IL N'UTILISE PAS LA HONTE COMME MÉCANISME POUR CONTRAINDRE LES AUTRES À SE CONFORMER. AU CONTRAIRE, IL DONNE L'EXEMPLE DE CE QU'IL ATTEND CHEZ LES AUTRES... BOB COMPREND QUE LES RAGOTS NE SONT PAS TOUJOURS FLAGRANTS : PARFOIS, LE SIMPLE FAIT DE PARLER AU NOM D'UNE AUTRE PERSONNE REVIENT À DIFFUSER DE PETITS PRÉJUGÉS, DES ERREURS DE JUGEMENT OU DE FAUSSES DÉCLARATIONS. CROYEZ-MOI, QUAND LE PDG REFUSE MÊME CE TYPE DE RUMEURS, ALORS CE QUI RELÈVE DE LA MÉDISANCE N'A PAS SA PLACE.

Je n'ai compris que les ragots étaient profondément toxiques qu'à l'âge de 27 ans, l'année où j'ai intégré FranklinCovey. Dans tous les milieux que j'ai fréquentés, les ragots étaient la norme : l'école, l'église, les scouts, les jobs étudiants, les clubs, le centre de loisirs, mon quartier, les dîners et les fêtes, les campagnes politiques... tout cela était fondé sur les ragots. C'était un comportement normal chez toutes les personnes que j'avais rencontrées, partout. Cela ne signifiait pas que ces gens étaient mauvais, simplement ils parlaient les uns des autres. Les ragots, c'était un peu comme la conduite à quelques kilomètres-heure au-dessus de la limite de vitesse sur l'autoroute, tout le monde admettait le faire (et les autres mentaient certainement).

Dans les années 90, il y avait une série comique populaire hilarante du nom de *In Living Color*. L'un des personnages, interprété par Kim Wayans, était une voisine fouineuse, Benita Butrell. Sa réplique fétiche était : « Enfin, je ne suis pas du genre à faire des commérages, alors ce n'est sûrement pas de moi que tu tiens ça ! » Bien sûr, elle s'empressait aussitôt de confier des ragots croustillants sur la vie personnelle de tout le monde. C'était tordant, autant pour son génie et le débit parfaitement maîtrisé de ses tirades que pour la critique de notre société. Nous avons tous un peu de Benita Butrell en nous.

Je n'ai fait l'effort conscient d'arrêter les commérages qu'en intégrant

MANAGEMENT : DU CHAOS AU SUCCÈS

le Covey Leadership Center (un précurseur de FranklinCovey), qui m'a fait découvrir le concept de « loyauté envers les absents ». Le docteur Covey a dit : « En défendant les absents, vous vous assurez la confiance des présents. » Ce dicton choc m'a aidé à comprendre les dégâts causés à une communauté, et notamment à une entreprise, par les rumeurs et les ragots. Faire preuve de loyauté envers les autres est une compétence de leadership simple mais primordiale. Stephen M. R. Covey a jugé ce principe si essentiel qu'il l'a inclus dans l'un des treize comportements (13 Comportements®) des leaders qui inspirent la confiance. C'est une dure leçon que j'ai moi-même apprise en 2001. Je venais d'être promu au poste de directeur général d'un service regroupant quinze États, basé à Chicago. En tant que nouveau directeur général, je faisais partie de l'équipe de direction de la présidence, ce qui me donnait accès à des informations stratégiques sensibles sur les avancées de l'entreprise et les questions de personnel. Aussi gênant que cela paraisse maintenant, je n'avais pas encore développé le niveau de maturité nécessaire pour garder des confidences, et je me livrais à de légers commérages ici et là. (Attention, je ne divulguais pas d'informations hautement confidentielles ni de secrets commerciaux. C'était plutôt du genre : « Au fait, je crois que Sally va être virée le week-end prochain. » Minable, je sais.)

Peu de temps après, le président de la société m'a rejoint dans mon bureau pour une réunion prévue au planning. Nous nous sommes assis l'un en face de l'autre dans deux fauteuils en cuir rouge – des fauteuils dont je me souviens distinctement, avec des rivets dorés et des pieds marron, des fauteuils qui resteront pour toujours viscéralement gravés dans ma mémoire, car ils formaient le contexte de ce que j'étais sur le point d'entendre. Le président m'a regardé dans les yeux et m'a dit : « Scott, vous êtes dans une station-service et vous tenez une allumette. »

Apparemment, mes petites indiscrétions étaient parvenues jusqu'à ses oreilles. Il a alors eu le courage d'aborder une conversation difficile, me confiant sa frustration devant mon incapacité à garder des confidences et à faire preuve de loyauté envers lui. Si vous m'imaginez en train de m'enfoncer dans ce fauteuil en cuir souple et de vouloir disparaître, vous n'êtes pas loin de la vérité.

Oh, la douleur que je me serais évitée, à moi ainsi qu'à mon entourage au cours de ces premières années, si j'avais adopté ce principe dans ma vie. Heureusement, grâce à la franchise de ce leader bienveillant, et à sa volonté de m'aiguiller, j'ai opéré un virage à 180 degrés presque immédiat. Depuis, j'ai été nommé cadre dirigeant et j'ai accès à des informations confidentielles. Je me conforme en tout point à tous les protocoles. Ai-je complètement abandonné les ragots ? Malheureusement, non. Mais une chose est sûre, je me suis nettement amélioré.

Bob Whitman, notre PDG, est un exemple de loyauté au sommet de la hiérarchie. Bob ne fait pas de commérages, et il ne les tolère pas non plus chez les autres. Pour lui, c'est rédhibitoire. Il n'utilise pas la honte comme mécanisme pour contraindre les autres à se conformer. Au contraire, il donne l'exemple de ce qu'il attend chez les autres. Lorsque l'un d'entre nous rate la réunion hebdomadaire « à ne pas manquer » (c'est le cas parfois quand on est en visite chez un client), il arrive qu'un autre membre de l'équipe de direction cherche à donner le point de vue de l'absent. Bob s'y oppose systématiquement. Il suspendra toujours la discussion jusqu'à ce que la personne concernée puisse défendre sa propre position, son comportement ou sa décision. Bob comprend que les ragots ne sont pas toujours flagrants : parfois, le simple fait de parler au nom d'une autre personne revient à diffuser de petits préjugés, des erreurs de jugement ou de fausses déclarations. Croyez-moi, quand le PDG refuse même ce type de rumeurs, alors ce qui relève de la médisance n'a pas sa place.

Considérez ces recommandations pour faire preuve de loyauté envers les autres :

- Vivez selon la règle de platine. Un sage ami m'a dit un jour qu'en plus de traiter les gens comme on aimerait être traité (la règle d'or), il faut les traiter comme ils aimeraient être traités (la règle de platine).

- En l'absence de quelqu'un, parlez de lui comme s'il était réellement à côté de vous. Visualiser sa présence changera radicalement votre façon d'en parler.

- Partez du principe que votre e-mail sera transmis à la personne sur laquelle vous écrivez. Lorsque vous rédigez un message au sujet d'une autre personne, écrivez comme si cette personne devait finir par le lire. De même, l'utilisation de « bcc » ou « copie cachée » est lâche et déloyale, et doit être évitée dans la plupart des cas.

- Croyez aux bonnes intentions. Les êtres humains sont souvent enclins à croire que les autres ont de mauvaises intentions. Prenez le temps de réfléchir aux actes de quelqu'un en supposant que ses intentions sont bonnes.

- Partez du principe que toute conversation privée est confidentielle, sauf si vous avez la preuve du contraire.

Une fois que la valeur de la loyauté aura imprégné la culture de votre entreprise, vous vous demanderez comment vous avez pu fonctionner sans elle.

DU CHAOS AU SUCCÈS :
FAIRE PREUVE DE LOYAUTÉ

- Pensez à un moment où quelqu'un a manqué de loyauté envers vous. Quel en a été l'impact ?

- Quand avez-vous manqué de loyauté pour la dernière fois ? Pourquoi ? Que feriez-vous différemment ?

- Si une conversation déforme l'image d'une personne absente, dites : « Je réserve mon jugement jusqu'à ce que je lui parle directement. »

- Si vous prenez conscience que vous représentez le point de vue d'une autre personne, envisagez d'attendre que cette personne puisse s'exprimer elle-même.

- La prochaine fois que vous recevrez un compliment pour le travail de votre équipe, partagez le mérite au lieu de vous l'approprier

Jour 1 Faire preuve d'humilité	**Jour 2** Penser avec abondance	**Jour 3** Commencer par écouter	**Jour 4** Déclarer ses intentions	**Jour 5** Prendre et tenir ses engagements
Jour 6 Incarner sa propre météo	**Jour 7** Inspirer la confiance	**Jour 8** Créer un équilibre entre vie professionnelle et vie privée	**Jour 9** Attribuer les bonnes fonctions aux bonnes personnes	**Jour 10** Consacrer du temps aux relations
Jour 11 Revoir ses paradigmes	**Jour 12** Affronter les conversations difficiles	**Jour 13** Parler avec franchise	**Jour 14** Être courageux sans manquer de tact	**Jour 15** Faire preuve de loyauté
Jour 16 Favoriser la vérité en toute sécurité	**Jour 17** Redresser les torts	**Jour 18** Être un coach permanent	**Jour 19** Protéger son équipe contre les urgences	**Jour 20** Mettre en place des entretiens individuels réguliers
Jour 21 Permettre aux autres d'exercer leur intelligence	**Jour 22** Créer une vision	**Jour 23** Identifier les objectifs résolument prioritaires	**Jour 24** Aligner les mesures sur les objectifs résolument prioritaires	**Jour 25** Entretenir des méthodes pertinentes
Jour 26 Produire des résultats	**Jour 27** Fêter les victoires	**Jour 28** Prendre des décisions de grande valeur	**Jour 29** Accompagner le changement	**Jour 30** Devenir meilleur

DÉFI 16 :

FAVORISER LA VÉRITÉ EN TOUTE SÉCURITÉ

Vos collaborateurs sont-ils aussi francs avec les mauvaises nouvelles et les commentaires négatifs qu'avec les bonnes nouvelles et les commentaires positifs ?

J'ai longtemps cru que les retours et les commentaires relevaient plus de la responsabilité de celui qui les recevait que de celui qui les donnait. Et quand je dis plus, je veux dire *beaucoup* plus. Je crois que les humains sont intrinsèquement lâches en matière de communication. Je pense que cela remonte en partie à notre enfance et aux conseils bien intentionnés des adultes :

- « Si tu n'as rien de gentil à dire, ne dis rien du tout. »
- « Rappelle-toi, ne dis rien que tu ne voudrais pas qu'on dise de toi. »
- « Tu as deux oreilles et une bouche, alors utilise-les en proportion. »
- « Il faut balayer devant sa porte au lieu de critiquer les autres. »

Pas étonnant que nous concentrions nos efforts sur le respect, la courtoisie ou la retenue dont il convient de faire preuve. Et comme, pour la plupart, nous ne disons pas ce que nous pensons, nos interlocuteurs estiment que tout va bien (circulez, il n'y a rien à voir !). La réalité, c'est que dans la plupart des contextes professionnels, nous aurions beaucoup à gagner en développant notre maturité émotionnelle, nos compétences relationnelles et notre conscience de soi. Pour cela, encore faut-il que d'autres nous donnent leur opinion à ce sujet.

J'AI LONGTEMPS CRU QUE LES RETOURS ET LES COMMENTAIRES RELEVAIENT PLUS DE LA RESPONSABILITÉ DE CELUI QUI LES RECEVAIT QUE DE CELUI QUI LES DONNAIT. ET QUAND JE DIS PLUS, JE VEUX DIRE **BEAUCOUP** PLUS. JE CROIS QUE LES HUMAINS SONT INTRINSÈQUEMENT LÂCHES EN MATIÈRE DE COMMUNICATION.

Nous avons tous été aux premières loges pour voir ce qui se passe lorsque les gens ne se sentent pas suffisamment en sécurité pour dire la vérité. Vous vous souvenez du discours de 90 minutes et de 240 diapositives que le PDG a prononcé lors de la réunion inaugurale du séminaire annuel de l'entreprise ? Vous savez, celui qui aurait dû durer vingt minutes avec une poignée de diapos seulement ? Vous vous souvenez de ce qui s'est passé ensuite ? La pluie d'éloges à grand renfort de « Excellent travail ! », « Vous étiez formidable ! » et « Super discours, patron ! » En même temps, vous pensiez : *C'était vraiment nul.* Et tous les textos envoyés dans la salle confirmaient la même chose.

Mettez-vous maintenant à la place du PDG. En quoi est-ce utile de ne *pas* entendre la vérité ? Comme la grande majorité du public n'avait rien à redire, vous avez sans doute l'impression d'avoir assuré. Mais j'ai remarqué une chose au cours de ma carrière : plus vous montez dans la hiérarchie, plus vous êtes isolé de la vérité. Quand vous atteignez enfin le bureau d'angle du vingtième étage, les retours que l'on vous fait sont aussi rares que l'oxygène en altitude. Voilà pourquoi j'ai commencé ce défi en déclarant que les commentaires relèvent surtout de la responsabilité de ceux qui les reçoivent et non de ceux qui les donnent. Ainsi, c'est à vous, le leader, de favoriser la vérité en toute sécurité. Il est de votre devoir de faire en sorte que les autres puissent dire la vérité sans crainte. En tant que leader, vous devez aspirer à entendre la vérité pour de nombreuses raisons :

- Pour savoir vraiment comment les autres vous perçoivent.

- Pour comprendre ce que c'est que d'être dans une relation (personnelle ou professionnelle) avec vous.

- Pour connaître vos angles morts afin de pouvoir les corriger.

- Pour évaluer si vos compétences en communication élèvent ou diminuent les autres.

- Pour avoir une vision précise de vos performances, de votre style et de votre réputation.

- Pour évaluer quel effet cela fait d'être un membre de votre propre équipe.

- Pour toucher du doigt ce que l'on ressent, selon que l'on soit dans vos bonnes grâces ou tout le contraire.

- Pour connaître la réalité d'un problème professionnel dès le début, afin de pouvoir le résoudre avant que cela ne devienne trop difficile, trop tard ou trop coûteux.

NOUS AVONS TOUS ÉTÉ AUX PREMIÈRES LOGES POUR VOIR CE QUI SE PASSE LORSQUE LES GENS NE SE SENTENT PAS SUFFISAMMENT EN SÉCURITÉ POUR DIRE LA VÉRITÉ. VOUS VOUS SOUVENEZ DU DISCOURS DE 90 MINUTES ET DE 240 DIAPOSITIVES QUE LE PDG A PRONONCÉ LORS DE LA RÉUNION INAUGURALE DU SÉMINAIRE ANNUEL DE L'ENTREPRISE ? VOUS SAVEZ, CELUI QUI AURAIT DÛ DURER VINGT MINUTES AVEC UNE POIGNÉE DE DIAPOS SEULEMENT ? VOUS VOUS SOUVENEZ DE CE QUI S'EST PASSÉ ENSUITE ? LA PLUIE D'ÉLOGES À GRAND RENFORT DE « EXCELLENT TRAVAIL ! », « VOUS ÉTIEZ FORMIDABLE ! » ET « SUPER DISCOURS, PATRON ! » EN MÊME TEMPS, VOUS PENSIEZ : **C'ÉTAIT VRAIMENT NUL.**

- Pour vous assurer que celui qui a quelque chose à vous dire sache que vous n'en ferez pas une affaire personnelle.

Les chercheurs ont découvert que les humains étaient programmés pour mentir. Sans l'assurance d'une certaine sécurité, notre vieux cerveau reptilien augmente notre sens du risque. D'expérience, j'ai beau *supplier* les gens de me dire la vérité sur ce qu'ils perçoivent de moi, ils louvoient obstinément, en me disant en substance : « Tu es super, Scott. Et je vais super bien. Tout est super. » (Parfois, bien sûr, ils me détestent vraiment, et ça chauffe ! Je garde ces exemples pour un futur livre, avec un titre du genre *Les 150 fois où on m'a envoyé me faire voir*).

Voici comment faire en sorte que les autres puissent être honnêtes en votre présence :

- Faites preuve de sincérité en cherchant à connaître leur vérité. (Je dis « leur », car personne n'a la vérité absolue, exacte et parfaitement utile.)
- Renforcez leur confiance, ils doivent savoir qu'ils ne risquent rien à parler (pas de revanche, de punition ni de représailles).
- Faites-leur savoir que vous respectez leur point de vue et que vous saurez vous montrer sensible (en particulier face à des collaborateurs moins expérimentés que vous).
- Prouvez par votre comportement que vous ne remettrez pas en cause et que vous ne contesterez pas leur position, que vous ne défendrez pas votre point de vue et que vous ne rejetterez pas d'emblée leurs commentaires.
- Peut-être plus important encore, montrez par votre nouvelle attitude que vous appréciez leur prise de risque à sa juste valeur et que vous acceptez de vous améliorer.
- N'attirez pas quelqu'un dans un faux sentiment de sécurité pour mieux lui mettre la tête sous l'eau.
- Montrez que vous appréciez les personnes qui vous font part de leurs commentaires et qu'elles n'ont que des avantages à le faire.
- Soyez attentif au contexte. N'invitez pas quelqu'un pour vous asseoir derrière votre bureau massif aux pieds sculptés en forme de gargouilles si vous attendez du courage de sa part. Trouvez un terrain neutre pour montrer que vous n'êtes pas supérieur à votre interlocuteur ni à ce qu'il a à dire.
- Prenez des notes et demandez des précisions.
- Demandez sincèrement des exemples précis.
- Encouragez-les à donner leur avis.
- Ne vous défendez pas et ne réfutez pas.

Parfois, envoyer un e-mail et demander un avis honnête peut être le meilleur moyen d'encourager la vérité. La plupart des gens seront plus courageux par écrit qu'en face à face, surtout avec leur patron. Vous pouvez leur demander de réfléchir à une question pendant plusieurs jours, puis de vous envoyer leurs idées par voie électronique. Vous avez toujours la possibilité d'organiser une réunion en tête à tête si vous avez besoin d'explications supplémentaires. N'oubliez pas que vous êtes le seul à pouvoir mettre en place des conditions dans lesquelles le mensonge n'est pas récompensé et où la vérité est non seulement sans risques, mais également encouragée.

DU CHAOS AU SUCCÈS :

FAVORISER LA VÉRITÉ EN TOUTE SÉCURITÉ

- Réfléchissez à ce que vous faites pour encourager ou décourager les autres à partager leur vérité sur vous.

- Évaluez votre entreprise ou votre équipe actuelle. Le mensonge et la manipulation sont-ils récompensés ? Est-il dangereux de dire la vérité ?

- Faites savoir aux autres que les erreurs sont inévitables et que les commentaires francs sont les bienvenus.

- Montrez que vous appréciez les suggestions en changeant de comportement pour remercier ceux qui vous en soumettent.

- Par-dessus tout, lorsque quelqu'un prend le risque de donner son avis, ne le rejetez pas, ne l'ignorez pas et ne vous défendez pas. Écoutez, montrez que vous comprenez, puis faites preuve de discernement pour déterminer si cela vaut la peine d'agir en fonction. Certaines remarques en disent plus long sur la personne qui les émet que sur vous.

Jour 1 Faire preuve d'humilité	**Jour 2** Penser avec abondance	**Jour 3** Commencer par écouter	**Jour 4** Déclarer ses intentions	**Jour 5** Prendre et tenir ses engagements
Jour 6 Incarner sa propre météo	**Jour 7** Inspirer la confiance	**Jour 8** Créer un équilibre entre vie professionnelle et vie privée	**Jour 9** Attribuer les bonnes fonctions aux bonnes personnes	**Jour 10** Consacrer du temps aux relations
Jour 11 Revoir ses paradigmes	**Jour 12** Affronter les conversations difficiles	**Jour 13** Parler avec franchise	**Jour 14** Être courageux sans manquer de tact	**Jour 15** Faire preuve de loyauté
Jour 16 Favoriser la vérité en toute sécurité	**Jour 17** Redresser les torts	**Jour 18** Être un coach permanent	**Jour 19** Protéger son équipe contre les urgences	**Jour 20** Mettre en place des entretiens individuels réguliers
Jour 21 Permettre aux autres d'exercer leur intelligence	**Jour 22** Créer une vision	**Jour 23** Identifier les objectifs résolument prioritaires	**Jour 24** Aligner les mesures sur les objectifs résolument prioritaires	**Jour 25** Entretenir des méthodes pertinentes
Jour 26 Produire des résultats	**Jour 27** Fêter les victoires	**Jour 28** Prendre des décisions de grande valeur	**Jour 29** Accompagner le changement	**Jour 30** Devenir meilleur

DÉFI 17 :

REDRESSER LES TORTS

Lorsque vous enfreignez une promesse,
votre premier réflexe est-il de vous
défendre, de rationaliser, de minimiser ou
d'ignorer complètement le problème ?

J'ai récemment interviewé la célèbre auteure et ancienne rédactrice en chef de la *Harvard Business Review*, **Karen Dillon**. En plus d'avoir écrit plusieurs livres, elle en a co-écrit trois avec Clayton Christensen, professeur à Harvard. Mon préféré est *Comment trouvez-vous votre vie ?* Ce pavé ingénieux est à ajouter à votre liste de lecture. Les auteurs appliquent avec brio à nos vies personnelles des principes novateurs dans le monde des affaires.

Je l'ai trouvé convaincant, stimulant et très pratique. Par exemple, les auteurs définissent l'humilité comme étant fondée sur la confiance. Les personnes humbles ont une bonne estime de soi et ne doutent pas de leurs capacités. Elles n'ont pas besoin d'être arrogantes, de se vanter ou d'être sur la défensive. Leur humilité transparaît dans leur assurance. Plutôt brillant, non ?

... MON MENTOR, CHUCK FARNSWORTH, ET SON CONCEPT GALVANISANT DE « PRÉ-PARDON ». C'EST TRÈS SIMPLE : *VOUS ÊTES PRÉ-PARDONNÉ. VOUS ALLEZ COMMETTRE DES ERREURS, CELA FAIT PARTIE DE NOS PARCOURS. SI L'ON VIT DANS LA CRAINTE DU FAUX PAS, ON NE RELÈVE AUCUN DÉFI, ON NE PREND PAS DE RISQUES ET ON NE DÉVELOPPE PAS SES COMPÉTENCES.*

D'après mon expérience, les personnes humbles (c'est-à-dire sûres d'elles) n'éprouvent aucune difficulté à redresser les torts, notamment en présentant des excuses. Elles réparent aisément les dégâts causés par leurs actes ou leurs paroles. J'imagine que c'est presque sans effort, pour elles, car elles ne ressentent pas le besoin de se défendre ni de se trouver des excuses. Avoir tort ou être vulnérable ne les rend pas plus faibles. C'est plutôt le contraire.

Mais tout le monde ne l'entend pas de cette oreille. C'était mon cas, à moi aussi, au début de ma carrière. Sachez que des cartes d'excuses, j'en ai acheté à la pelle. En matière de psychologie, on conseille parfois de ne *pas* s'excuser. Selon les chercheurs, refuser de s'excuser peut vous donner le sentiment d'avoir plus de pouvoir et de contrôle. Ironiquement, c'est plutôt le contraire. Les excuses conduisent à une meilleure estime de soi et une meilleure intégrité personnelle. Malheureusement, j'ai gobé toutes ces âneries, hameçon, ligne et plomb avec.

Avançons de quelques années pour évoquer mon mentor, Chuck Farnsworth, et son concept galvanisant de « pré-pardon ». C'est très simple : *Vous êtes pré-pardonné. Vous allez commettre des erreurs, cela fait partie de nos parcours. Si l'on vit dans la crainte du faux pas, on ne relève aucun défi, on ne prend pas de risques et on ne développe pas ses compétences.*

Je me suis senti tellement valorisé en travaillant pour lui. Quel leader ne voudrait pas d'une équipe aussi confiante ? Ce n'est pas un hasard si la sienne a connu le changement de personnel le plus bas de l'entreprise. Chuck a décidé de pré-pardonner dans son esprit (et aussi dans son cœur) et il l'a communiqué à son équipe. Si vous voulez réduire le temps et les efforts nécessaires pour redresser les torts, annoncez directement que vous avez pardonné à l'avance les faux pas, les remarques blessantes, le manque de tact ou les erreurs de jugement susceptibles de survenir en cours de route. Cela ne signifie pas que les gens obtiennent un laissez-passer pour mal se comporter, mais que vous reconnaissez que tout le monde peut se tromper et que ce n'est pas la fin du monde.

Quand vous avez causé du tort, il est particulièrement désarmant d'en assumer l'entière responsabilité. Je suis étonné de la rapidité avec laquelle la personne lésée oublie sa colère et son ressentiment refoulé. Rien ne neutralise plus la colère que des excuses sincères, sans tentatives de justification, et des mesures visant à rectifier le tir. Envisagez ce type de discours lorsque vous prenez conscience que vous avez causé du tort à quelqu'un :

« Je tiens à te dire quelque chose de très important. Je suis vraiment désolé de la façon dont je me suis comporté. J'ai eu tort. Je l'admets. Excuse-moi. J'espère que tu pourras me pardonner et j'ai l'intention de faire un effort sincère pour m'assurer de ne plus jamais recommencer, ni envers toi ni envers personne d'autre. J'ai appris une dure et précieuse leçon, malheureusement à tes dépens, et je veux que tu saches combien je la prends au sérieux. D'ailleurs, j'ai l'intention de faire [remplissez le blanc] pour que tout aille mieux entre nous. Tu apprécierais ou tu aurais une meilleure suggestion que je devrais prendre en considération ? »

Les meilleurs leaders savent redresser les torts. Si vous commencez par dire : « Il y a eu un petit souci », ou un simple « Oups », vous avez fait fausse route. Redresser les torts commence par l'humilité et se manifeste par la responsabilité personnelle. Comme souvent en matière de leadership, c'est plus facile pour un auteur de vous donner quelques conseils judicieux que pour vous de ravaler votre fierté et de les mettre en œuvre auprès de votre entourage. Comme pour les cocktails le soir du Nouvel An, commencez doucement et augmentez la dose au fur et à mesure.

DU CHAOS AU SUCCÈS :

REDRESSER LES TORTS

- Envisagez d'instaurer une culture du pré-pardon au sein de votre équipe. Discutez entre vous de ce que cela signifie réellement et mettez-vous d'accord sur les implications positives et négatives.

- Si vous avez failli à une attente ou à une promesse, reconnaissez-le. Résistez à l'envie de tout justifier.

- Assumez l'entière responsabilité en présentant des excuses sans condition, puis prenez des mesures pour réparer les torts causés. Les excuses à base de justifications se résument toujours aux justifications, pas aux excuses.

- Si vous devez souvent vous excuser, reconnaissez qu'il y a peut-être d'autres problèmes à régler. Souvenez-vous aussi de l'adage : « On ne fâche jamais personne si on ne fait rien du tout. » Trouvez le juste équilibre entre les deux.

Jour 1	**Jour 2**	**Jour 3**	**Jour 4**	**Jour 5**
Faire preuve d'humilité	Penser avec abondance	Commencer par écouter	Déclarer ses intentions	Prendre et tenir ses engagements

Jour 6	**Jour 7**	**Jour 8**	**Jour 9**	**Jour 10**
Incarner sa propre météo	Inspirer la confiance	Créer un équilibre entre vie professionnelle et vie privée	Attribuer les bonnes fonctions aux bonnes personnes	Consacrer du temps aux relations

Jour 11	**Jour 12**	**Jour 13**	**Jour 14**	**Jour 15**
Revoir ses paradigmes	Affronter les conversations difficiles	Parler avec franchise	Être courageux sans manquer de tact	Faire preuve de loyauté

Jour 16	**Jour 17**	**Jour 18**	**Jour 19**	**Jour 20**
Favoriser la vérité en toute sécurité	Redresser les torts	Être un coach permanent	Protéger son équipe contre les urgences	Mettre en place des entretiens individuels réguliers

Jour 21	**Jour 22**	**Jour 23**	**Jour 24**	**Jour 25**
Permettre aux autres d'exercer leur intelligence	Créer une vision	Identifier les objectifs résolument prioritaires	Aligner les mesures sur les objectifs résolument prioritaires	Entretenir des méthodes pertinentes

Jour 26	**Jour 27**	**Jour 28**	**Jour 29**	**Jour 30**
Produire des résultats	Fêter les victoires	Prendre des décisions de grande valeur	Accompagner le changement	Devenir meilleur

DÉFI 18 :

ÊTRE UN COACH PERMANENT

Considérez-vous chaque interaction avec
les membres de votre équipe comme
une occasion de renforcer la confiance
et de développer le potentiel ?

Voici à quoi ressemble le contraire de « être un coach permanent » : Votre évaluation annuelle de performance est prévue sur votre calendrier. C'est dans deux semaines, et c'est une perspective à la fois enthousiasmante et angoissante. Vous êtes convaincu que votre patron passera la majeure partie du temps à vous féliciter et à reconnaître votre apport significatif à l'équipe, au service, à la division et à l'entreprise. Vous pouvez certainement vous améliorer dans certains domaines, mais ce n'est rien en comparaison avec les lauriers qui vous attendent.

Quand arrive le jour de l'évaluation, vous vous installez, à la fois un peu nerveux et optimiste. C'est alors que vous détectez des indices subtils indiquant que tout ne se déroulera pas forcément comme vous le pensiez :

- On dirait qu'une boîte de Kleenex a été récemment placée de votre côté du bureau.
- Et elle se trouve à côté d'un exemplaire de *Quand votre employé n'atteint pas ses objectifs*.
- Le poster à message de type « Vive le travail d'équipe » a été remplacé par « Le long chemin vers l'amélioration ».

Et enfin, tout s'écroule. Votre patron détaille vos lacunes et vos échecs avec la précision d'un procureur au tribunal. Des pages de notes (de la « documentation », comme on dit) listent tous les points, les uns après les autres, tandis que vous restez assis, un peu sonné par la tournure que prend la réunion. Vous n'entendez même pas ce que dit votre patron, trop incrédule devant les « preuves » qu'il évoque et qui datent d'il y a quatre mois, de neuf mois, de réunions du personnel et de projets dont vous vous souvenez à peine.

DANS SON LIVRE **LES DERNIERS INSTANTS DE LA VIE**, ELISABETH KUBLER-ROSS A DÉCRIT LES CINQ ÉTAPES DU DEUIL : LE DÉNI, LA COLÈRE, LE MARCHANDAGE, LA DÉPRESSION ET L'ACCEPTATION. IL EXISTE D'ÉTRANGES SIMILITUDES ENTRE UNE MORT SOUDAINE ET UN BILAN DE PERFORMANCE QUI VOUS FAIT L'EFFET D'UNE EMBUSCADE.

Bientôt, l'entretien est terminé et vous avez signé votre plan de performance. (À ce stade, ça ressemble à un divorce, où votre conjoint obtient la garde des enfants, la maison, votre ancienne voiture du lycée, le chien et à peu près tout le reste, à l'exception des dettes de vos cartes de crédit.) Quand vous ressortez, vous vous sentez vidé. Votre patron n'a même pas été méchant, grossier ni abrupt, mais vous êtes pris de court, comme

MANAGEMENT : DU CHAOS AU SUCCÈS

victime d'un guet-apens. Vous avez du mal à croire ce qui vient de se passer et vous envisagez déjà de trouver un autre emploi.

Dans son livre *Les Derniers Instants de la vie*, Elisabeth Kubler-Ross a décrit les cinq étapes du deuil : le déni, la colère, le marchandage, la dépression et l'acceptation. Il existe d'étranges similitudes entre une mort soudaine et un bilan de performance qui vous fait l'effet d'une embuscade. Les entretiens d'évaluation comme celui que je viens de proposer en illustration peuvent nuire à l'estime et à la confiance en soi de ceux qui en font l'objet. Pire encore, ils peuvent irrémédiablement détériorer l'amour-propre.

Heureusement, on procède de moins en moins à ces évaluations des performances obligatoires chaque année, où les employés sont classés par rapport à leurs collègues, où les plus faibles sont jetés en pâture aux lions et les précieuses primes accordées à quelques bienheureux. Pourtant, certaines perdurent et les leaders en profitent pour se cacher derrière les processus d'évaluation formels, autour d'une table. Ainsi, ils finissent souvent par piéger leurs subordonnés en les assaillant avec des frustrations refoulées, des plaintes subjectives et des critiques accumulées depuis longtemps. Si chaque problème avait été abordé au fur et à mesure, ils auraient pu être résolus et la carrière de la personne concernée aurait pu s'épanouir au lieu de dépérir.

L'antidote à ces écueils est le rôle de coach que le leader néglige trop souvent. Cela nécessite un grand engagement. Tout d'abord, il faut avoir *envie* de relever les autres, non seulement en affirmant tout ce qu'ils font de bien, mais aussi en abordant les erreurs, les petites maladresses et les impairs inacceptables. Cela demande un changement d'état d'esprit, du courage, de la diplomatie, de la pratique et de la répétition. Un grand nombre de défis précédents vous seront utiles pour développer vos compétences en matière d'accompagnement, notamment : « Parler avec franchise », « Affronter les conversations difficiles », « Être courageux sans manquer de tact », etc.

Un secteur entier est consacré à la formation : livres, sessions, cursus universitaires, entreprises et certifications. FranklinCovey possède son propre cabinet de coaching, sans doute le meilleur du secteur, qui se consacre à la formation des cadres. La plupart des conseils que je vais vous donner correspondent à ce que les experts ou les formateurs accrédités vous diront. Mais il s'agit ici du coaching tel que je l'ai vécu – imparfait et souvent brouillon, mais concret, pertinent et reproductible. Voici plusieurs comportements qui m'ont été tout particulièrement bénéfiques lorsque j'ai été formé en interne :

Soyez conscient de ce qui se passe dans l'équipe que vous dirigez. Qui rencontre des difficultés et pourquoi ? Sont-ils correctement formés ou conformes ? Peut-être ont-ils de bons résultats, mais travaillent-ils sur les mauvaises initiatives ? Avez-vous déterminé ce qu'est le succès ? Les résultats attendus sont-ils clairs et les objectifs traduits en actes et en comportements quotidiens ? Tous ces points relèvent principalement de votre responsabilité.

- Mettez en place un processus de vérification active plutôt que passive. C'est particulièrement vrai si vous dirigez une équipe virtuelle et que vous ne pouvez pas voir ce qui se passe de près. Soyez proactif afin de savoir si quelqu'un a besoin d'aide avant qu'il ne soit trop tard.

- Établissez en quoi les membres de votre équipe peuvent avoir besoin ou envie de coaching. Certains se taisent et sont gênés si on les désigne en public, tandis que d'autres ne s'en soucient pas et ont une personnalité extravertie. Adaptez votre style à leurs besoins spécifiques.

- Atténuez vos critiques par des compliments pertinents et encourageants. Le coaching ne vise pas seulement à remédier à ce qui ne va pas. C'est une excellente occasion de faire savoir aux gens ce qui fonctionne, sur quels points il faut redoubler d'efforts et ce qu'il vaut mieux laisser tomber.

- Demandez en quoi vous pouvez être utile. Soyez présent et conscient. Lorsque vous formez, accordez à l'autre personne toute votre attention.

- Veillez à ce que chacun dispose des ressources et des outils nécessaires pour accomplir son travail et aider les autres.

- Ajoutez « formation » à votre liste de tâches quotidiennes. Servez-vous-en pour rechercher en permanence des occasions d'enseigner ou de coacher.

Citons mon ami Paul Walker : « Dire les choses renforce la dépendance ; les enseigner développe les compétences. »

DU CHAOS AU SUCCÈS :
ÊTRE UN COACH PERMANENT

- Étendez le coaching en temps réel au-delà de vos entretiens individuels et des évaluations formelles des performances.

- Mettez en œuvre au moins l'une des bonnes pratiques en matière de coaching avec un membre de votre équipe au cours de la semaine à venir.

- Passez en revue vos interactions. Combien de fois avez-vous dit les choses au lieu de les enseigner ? Votre interlocuteur est-il reparti démoralisé ou avec une « piste d'amélioration » et un calendrier d'action ?

- Avez-vous judicieusement équilibré votre temps entre validation, encouragements et identification, sachant proposer des défis et rectifier le tir ?

- Pensez aux leaders qui comptent parmi les meilleurs coaches de votre entreprise. Discutez avec eux de leurs stratégies et de leurs procédés.

Jour 1	**Jour 2**	**Jour 3**	**Jour 4**	**Jour 5**
Faire preuve d'humilité	Penser avec abondance	Commencer par écouter	Déclarer ses intentions	Prendre et tenir ses engagements
Jour 6	**Jour 7**	**Jour 8**	**Jour 9**	**Jour 10**
Incarner sa propre météo	Inspirer la confiance	Créer un équilibre entre vie professionnelle et vie privée	Attribuer les bonnes fonctions aux bonnes personnes	Consacrer du temps aux relations
Jour 11	**Jour 12**	**Jour 13**	**Jour 14**	**Jour 15**
Revoir ses paradigmes	Affronter les conversations difficiles	Parler avec franchise	Être courageux sans manquer de tact	Faire preuve de loyauté
Jour 16	**Jour 17**	**Jour 18**	**Jour 19**	**Jour 20**
Favoriser la vérité en toute sécurité	Redresser les torts	Être un coach permanent	Protéger son équipe contre les urgences	Mettre en place des entretiens individuels réguliers
Jour 21	**Jour 22**	**Jour 23**	**Jour 24**	**Jour 25**
Permettre aux autres d'exercer leur intelligence	Créer une vision	Identifier les objectifs résolument prioritaires	Aligner les mesures sur les objectifs résolument prioritaires	Entretenir des méthodes pertinentes
Jour 26	**Jour 27**	**Jour 28**	**Jour 29**	**Jour 30**
Produire des résultats	Fêter les victoires	Prendre des décisions de grande valeur	Accompagner le changement	Devenir meilleur

DÉFI 19 :

PROTÉGER SON ÉQUIPE CONTRE LES URGENCES

Comment trouverez-vous le courage de
maintenir la concentration de votre équipe
sur le plus important, y compris en renonçant
à certaines de vos meilleures idées ?

J'aime les bonnes grosses urgences. S'il n'y en a pas, il m'est arrivé d'en créer pour satisfaire mon besoin de me sentir utile. Cela me fait penser au phénomène connu sous le nom de « pompier pyromane », ce scénario rare où un pompier déclenche intentionnellement un incendie afin de pouvoir jouer les héros en arrivant le premier et en l'éteignant. Cela paraît impensable. Pourtant, même si je ne peux pas me comparer au coupable d'un incendie criminel, j'y trouve une similitude avec ma propre satisfaction, lorsque j'éteins des feux métaphoriques au sein de l'entreprise. À vrai dire, je ne crée pas délibérément des incendies, mais le fait est que j'aime les combattre (et j'adore le mérite qui en découle).

IL Y A DE FORTES CHANCES QUE VOUS AYEZ DÉJÀ VU UN LEADER RASSEMBLER SON ÉQUIPE POUR REMERCIER QUELQU'UN. ET JE PARIE QUE LE COMPLIMENT ÉTAIT PLUS AXÉ SUR LA **LUTTE** CONTRE L'INCENDIE QUE SUR SA **PRÉVENTION**. LES FÉLICITATIONS AUXQUELLES J'AI ASSISTÉ (ET, JE DOIS BIEN L'ADMETTRE, QUE J'AI MOI-MÊME PRONONCÉES) RÉCOMPENSAIENT GÉNÉRALEMENT UN EFFORT HÉROÏQUE DE DERNIÈRE MINUTE POUR RÉSOUDRE UN PROBLÈME, RÉPARER UNE ERREUR OU RECTIFIER LE TIR D'UN MAUVAIS SERVICE À LA CLIENTÈLE.

Une grande part de ma carrière a été alimentée par cette tendance à l'héroïsme : venir à la rescousse d'un cadre dans la résolution d'un problème ou mettre en œuvre une idée de dernière minute, deux aspects que je trouve exaltants. Il m'est aussi arrivé de proposer une solution créative enthousiasmante, de la faire valider par la direction, puis de réunir mon équipe de trente personnes autour du projet à réaliser d'urgence. Je ne dis pas qu'il n'est pas important d'être agile, réactif, proactif et créatif. Ce sont de formidables talents à démontrer dans toute entreprise. Mais lorsqu'ils deviennent vos points forts et que vous soumettez constamment votre équipe à des exercices de type alerte incendie, ce n'est pas viable. Votre crédibilité en souffre. Vos collaborateurs se lassent et vous finissez par vous éteindre. Vous pouvez tirer un trait sur les entreprises bien gérées, déterminées et disciplinées… Pour être honnête, ce genre de boîtes n'a pas besoin de vous. Vous devrez chercher une entreprise dans un chaos constant, et qui appréciera vos prouesses de pompier.

Je n'étais pas doué pour protéger mon équipe contre les urgences jusqu'à ce que je lise le livre de FranklinCovey sur la gestion du temps intitulé *Les 5 Choix pour une productivité exceptionnelle* (ce qui prouve l'adage selon lequel les cordonniers sont les plus mal chaussés). Si, comme moi, vous êtes accro à l'adrénaline au travail, les urgences peuvent vous tenter. Personnellement, je ressens toujours cette tentation ; elle m'apporte une validation et une gratification instantanées. L'adrénaline des situations d'urgence est vivifiante. Pendant un certain temps, du moins. Ensuite, elle atteint un pic et fatigue rapidement les gens. On vous considère alors comme trop tactique et pas assez stratégique.

Il y a de fortes chances que vous ayez déjà vu un leader rassembler son équipe pour remercier quelqu'un. Et je parie que le compliment était plus axé sur la *lutte* contre l'incendie que sur sa *prévention*. Les félicitations auxquelles j'ai assisté (et, je dois bien l'admettre, que j'ai moi-même prononcées) récompensaient généralement un effort héroïque de dernière minute pour résoudre un problème, réparer une erreur ou rectifier le tir d'un mauvais service à la clientèle. Quelques exemples :

- Le matériel pour un programme n'a jamais été expédié ou a été envoyé au mauvais endroit. Un membre de l'équipe saute dans sa voiture et conduit toute la nuit pour le livrer juste à temps. (Voici une carte-cadeau de 100 $ pour vous !)

- Vous avez décroché un gros client, mais vous devez recruter du personnel pour le servir. Par conséquent, on demande à un membre de l'équipe d'assumer plusieurs fonctions le temps que vous annonciez les postes nécessaires, fassiez passer des entretiens à des dizaines de candidats, assuriez les embauches et la formation. (On vous offre le dîner... dans un mois, quand vous pourrez vous dégager, et à supposer que vous n'ayez pas démissionné d'ici là.)

- Vous avez annoncé la mise en service mondiale d'un nouveau produit. Le seul problème, c'est qu'il n'est pas complètement terminé et qu'il a encore besoin d'un dernier galop d'essai, de tests de qualité, d'améliorations cosmétiques, d'un gros travail de manutention et d'assemblage. Maintenant, vous expédiez du personnel par avion pour livrer vos produits tout chauds sortis des presses, parce que vous avez grillé votre joker de trois semaines. (Voici deux billets de cinéma pour vous et votre moitié, à supposer que vous soyez toujours ensemble.)

Autrefois, je participais très régulièrement à cette course effrénée, à pied ou en voiture, que j'appelle le « Delta Rush » : je déposais des colis au service postal de l'aéroport Delta pour qu'ils soient livrés à l'autre bout du pays dans les cinq heures suivantes. (Il faut être d'une certaine génération pour s'en souvenir.) Aujourd'hui, des secteurs entiers existent pour répondre à nos urgences de dernière minute. (Avez-vous déjà utilisé un service de passeport accéléré ?) L'une des compétences déterminantes pour protéger votre équipe contre les urgences, c'est le discernement (en d'autres termes, la jugeote). En prenant des décisions judicieuses qui orientent le temps et l'énergie de votre équipe vers ses objectifs résolument prioritaires (voir le Défi 23), vous réduirez la tentation de vous précipiter vers le plus urgent (à moins, bien sûr, que votre équipe ne travaille aux urgences d'un hôpital, que je me sois déchiré un tendon pendant mon Delta Rush et que j'aie besoin de soins immédiats). J'expliquerai plus en détail ce que l'on entend par « objectifs résolument prioritaires » dans ce défi, mais pour l'instant, il s'agit de réduire la tension entre l'important et l'urgent. Trouver l'harmonie entre les deux est souvent un délicat exercice d'équilibriste. Il peut être utile de regarder attentivement le chef de service submergé, au bout du couloir, et de décréter que ce n'est pas votre choix ni votre style.

En tant que leaders, nous pouvons contribuer à protéger nos équipes contre les urgences en identifiant et en récompensant les comportements spécifiques permettant d'atteindre nos objectifs. Mais d'abord, nous devons nous assurer que nous n'avons pas favorisé ou renforcé une culture qui récompense la lutte contre les incendies plus que leur prévention. Cela ne veut pas dire que les urgences n'arrivent jamais.

L'autre extrême consiste à essayer d'éliminer radicalement la réalité des urgences. J'ai travaillé une fois avec une associée qui, sans sourciller, annonçait : « Je ne fonctionne pas en mode urgent. Jamais. Je ne travaille que sur des projets qui sont réfléchis, planifiés et programmés. » Je me rappelle avoir pensé : « Tant mieux pour vous, mais vous ne travaillerez jamais pour moi. » À vrai dire, je suis certain qu'elle n'en avait pas l'intention. Peut-être étions-nous aux deux extrêmes de ce spectre, à ce moment-là.

Protégez votre équipe contre les urgences en identifiant les comportements que vous souhaitez mettre en avant et récompenser. Il vous incombe de concentrer les membres de votre équipe sur ce qui est « résolument prioritaire » (efforts importants et proactifs) et non sur les feux de forêt, même ceux que vous avez allumés vous-mêmes !

DU CHAOS AU SUCCÈS :

PROTÉGER SON ÉQUIPE CONTRE LES URGENCES

- Reconnaissez que vous pourriez bien être la source de nombreuses urgences au sein de votre équipe. Comment se manifestent-elles ?

- Comment pouvez-vous mieux vous organiser ou refuser plus souvent ?

  1. Demandez-vous si votre besoin de reconnaissance ou d'adrénaline ne nuit pas à la concentration de votre équipe.

  2. Attribuez des dates d'échéance raisonnables aux initiatives futures.

  3. Récompensez les efforts proactifs et préventifs, et pas seulement la lutte héroïque contre les incendies.

Jour 1	**Jour 2**	**Jour 3**	**Jour 4**	**Jour 5**
Faire preuve d'humilité	Penser avec abondance	Commencer par écouter	Déclarer ses intentions	Prendre et tenir ses engagements
Jour 6	**Jour 7**	**Jour 8**	**Jour 9**	**Jour 10**
Incarner sa propre météo	Inspirer la confiance	Créer un équilibre entre vie professionnelle et vie privée	Attribuer les bonnes fonctions aux bonnes personnes	Consacrer du temps aux relations
Jour 11	**Jour 12**	**Jour 13**	**Jour 14**	**Jour 15**
Revoir ses paradigmes	Affronter les conversations difficiles	Parler avec franchise	Être courageux sans manquer de tact	Faire preuve de loyauté
Jour 16	**Jour 17**	**Jour 18**	**Jour 19**	**Jour 20**
Favoriser la vérité en toute sécurité	Redresser les torts	Être un coach permanent	Protéger son équipe contre les urgences	Mettre en place des entretiens individuels réguliers
Jour 21	**Jour 22**	**Jour 23**	**Jour 24**	**Jour 25**
Permettre aux autres d'exercer leur intelligence	Créer une vision	Identifier les objectifs résolument prioritaires	Aligner les mesures sur les objectifs résolument prioritaires	Entretenir des méthodes pertinentes
Jour 26	**Jour 27**	**Jour 28**	**Jour 29**	**Jour 30**
Produire des résultats	Fêter les victoires	Prendre des décisions de grande valeur	Accompagner le changement	Devenir meilleur

DÉFI 20 :

METTRE EN PLACE DES ENTRETIENS INDIVIDUELS RÉGULIERS

Qu'est-ce qui vous empêche d'organiser des entretiens avec chacun des membres de votre équipe ?

Pour filer la métaphore du feu, évoquée dans le défi précédent, la plupart des leaders agissent soit dans une optique de prévention, soit dans une optique de lutte contre les incendies. J'ai écrit une grande partie de ce livre du point de vue de la prévention des incendies – c'est là que l'efficacité rejoint l'efficience à long terme –, mais comme vous le savez, ma tendance naturelle est de vouloir les combattre activement.

... SI JE VOUS DEMANDAIS DE DRESSER LA LISTE DE VOS PRINCIPAUX ATOUTS, LA PLUPART D'ENTRE VOUS (SINON TOUS) NOMMERAIENT LEURS COLLABORATEURS. À LONG TERME, VOUS NE L'IGNOREZ PAS, RIEN N'EST PLUS IMPORTANT QUE CEUX QUE VOUS DIRIGEZ (ET LA MANIÈRE DONT VOUS LES DIRIGEZ). MAIS CETTE IMPORTANCE TELLE QUE VOUS LA DÉMONTREZ PAR VOTRE COMPORTEMENT PEUT ÊTRE RADICALEMENT DIFFÉRENTE DE CE QU'ILS EN PERÇOIVENT.

Soyons honnêtes, nous sommes nombreux à aimer le défi de l'urgence, la bouffée d'adrénaline qui nous vient quand nous courons vers les flammes et les honneurs obtenus pour avoir sauvé la situation. Si vous êtes l'un de ces leaders, vous ne devez pas être très doué pour organiser des entretiens individuels réguliers. Dites-vous que je suis l'image d'Épinal du chaos managérial en ce qui concerne ce défi. (Notez que je n'ai jamais promis que *tous* mes chaos s'étaient changés en succès.)

Les leaders accros au feu de l'action, comme moi, sont des drogués de l'urgence. Cette dépendance nous conduit bien souvent à décevoir les gens. Je suis constamment en train d'annuler mes entretiens individuels : l'incontournable réunion du matin s'est prolongée, j'ai été retenu dans le couloir par un collègue qui avait besoin de mes conseils, et maintenant mon téléphone sonne. C'est l'appel que j'attendais, celui d'un auteur important qui me demande de commenter son livre, d'un cadre célèbre qui souhaite participer à mon émission de radio « Great Life, Great Career » ou d'un leader d'opinion que nous voulons interviewer. Rien que des choses importantes. Vraiment très importantes. Et franchement, plus importantes que mon entretien individuel (mais est-ce vraiment le cas ?). Pour tout vous dire, ça me fait de la peine de voir mon collaborateur par la vitre de mon bureau, avec un dossier sur les bras rempli de sujets qu'il avait hâte de partager avec moi. Je parie qu'il s'est préparé à cet entretien toute la semaine, en rassemblant des échantillons de son travail et en refusant des réunions aux mêmes horaires, désireux de faire bonne impression. Ce tête-à-tête est important pour lui.

Et il l'est pour moi aussi. Mais pas autant que tout le reste. C'est la vérité brutale. Le mot « hypocrite » me vient à l'esprit, mais je le repousse et j'envoie un message à mon assistant afin d'annuler la réunion. Mon assistant est rompu à cette tâche délicate et l'autre acquiesce avant de s'en aller. Entre-temps, j'ai répondu à mon appel et je peux reprendre mes travaux importants de leader. Très franchement, j'ai connu les deux positions et je suis bien placé pour savoir que c'est minable.

Mais si je vous demandais de dresser la liste de vos principaux atouts, la plupart d'entre vous (sinon tous) nommeraient leurs collaborateurs. À long terme, vous ne l'ignorez pas, rien n'est plus important que ceux que vous dirigez (et la manière dont vous les dirigez). Mais cette importance telle que vous la démontrez par votre comportement peut être radicalement différente de ce qu'ils en perçoivent.

On peut établir un parallèle avec la vie de famille. J'ai récemment interviewé Julie Morgenstern, auteure de nombreux best-sellers, dont *Time to Parent*, et elle m'a parlé des perceptions différentes entre les enfants et leurs parents. Par exemple, citons ce type de dialogue courant :

Parent : « J'ai tout sacrifié pour toi. J'ai travaillé et économisé de l'argent pendant des années, je t'ai fourni tout ce dont tu avais besoin : nourriture, logement, vêtements, transport. Tu n'as manqué de rien. »

Enfant : « Oui, mais tu n'as jamais été là pour moi ! »

Le parent, bien conscient de ses actes « invisibles » envers son enfant, a le sentiment d'avoir « tout » fait pour subvenir à ses besoins. Mais l'enfant n'a jamais vu ces actions invisibles. Il voulait simplement partager du temps.

Cela vous semble familier ? En tant que leader, vous savez combien d'heures « invisibles » vous avez consacrées au succès de votre équipe. Mais ce qu'ils attendent de vous, c'est du temps. Ils ont besoin d'un entretien individuel, précisément, afin de pouvoir évoquer les entraves à leur progression, recevoir des avis et un accompagnement, créer un plan stratégique et résoudre leurs problèmes avec vous. Les entretiens individuels sont l'un des outils les plus importants pour renforcer l'engagement de votre équipe. Ils sont donc impératifs, même au regard d'autres missions légitimes ou urgences constantes.

Plusieurs défis présentés dans ce livre posent les bases vous permettant d'instaurer une régularité dans vos entretiens individuels, notamment :

• Faire preuve d'humilité
• Déclarer ses intentions
• Prendre et tenir ses engagements

- Inspirer la confiance
- Consacrer du temps aux relations
- Revoir ses paradigmes

Certains défis concernent directement la *manière* de mener ces entretiens :

- Parler avec franchise
- Être courageux sans manquer de tact
- Favoriser la vérité en toute sécurité
- Être un coach permanent
- Permettre aux autres d'exercer leur intelligence
- Créer une vision
- Identifier les objectifs résolument prioritaires

Près de la moitié des défis de leadership présentés dans ce livre sont directement liés à l'entretien individuel ou sont mis en lumière à cette occasion. Ces échanges en tête à tête ne sont pas un fardeau ni une case à cocher sur la liste du leader. Ils sont une vraie valeur. Tant que nous ne les considérerons pas sous cet angle, nous continuerons à les reporter et à les négliger. Et si notre emploi du temps ne reflète pas nos valeurs, alors c'est que quelque chose cloche.

Mon conseil (aux deux parties prenantes de l'entretien), c'est d'être réaliste quant à la fréquence de ces réunions. N'annoncez pas un tête-à-tête hebdomadaire pour l'annuler ensuite. Il est question de qualité plus que de quantité, surtout lorsque la sirène de la caserne de pompiers se déclenche. Commencez posément en rassemblant votre équipe et en déclarant vos intentions. Vous pourriez dire quelque chose comme :

« J'aimerais organiser des entretiens individuels plus réguliers, une fois par mois, par exemple, pour que vous puissiez bénéficier d'un encadrement, me faire part de vos réussites et soulever les problèmes qui affectent votre engagement. Il se peut que je doive parfois annuler si quelque chose exige mon attention immédiate. Veuillez me pardonner à l'avance. En tout cas, sachez que vous êtes une priorité. Je ferai de mon mieux pour honorer cet engagement et faire en sorte que ce temps soit précieux pour nous deux. De votre côté, essayez d'être prêt et flexible. »

FranklinCovey propose son point de vue sur la façon de structurer les entretiens individuels, notamment en considérant qu'il s'agit de la réunion de votre collaborateur, pas de la vôtre. Vous devez assurer 30 % de la conversation, contre 70 %, car après tout, ce sont ses questions que vous aborderez, pas les vôtres. Ne confondez pas ce temps privilégié avec votre réunion d'équipe ou de personnel habituelle, dont l'ordre du jour relève entièrement de vous. Dans notre livre *Tout le monde mérite un excellent manager : 6 pratiques essentielles pour diriger une équipe*, nous consacrons un chapitre entier aux réunions individuelles efficaces. À ce qu'il paraît, l'auteur principal est une vraie catastrophe en matière de management (alors, soyez prévenus).

J'ai peut-être écrit ce défi pour moi-même. Si vous me ressemblez, j'espère qu'il trouvera écho en vous. Et si vous faites partie de mon équipe et que vous lisez ce chapitre, je m'attends clairement à ce que vous me demandiez des comptes.

DU CHAOS AU SUCCÈS :

METTRE EN PLACE DES ENTRETIENS INDIVIDUELS RÉGULIERS

- Si vous avez du mal à organiser des entretiens individuels, engagez-vous à commencer lentement. Pour la plupart des responsables, une fois par mois, c'est toujours mieux que pas du tout. L'idéal, cependant, c'est une cadence hebdomadaire. De nombreuses variables auront un impact sur votre fréquence. Il est essentiel de les reconnaître dès le départ, pour votre crédibilité et la gestion des attentes.

- Déclarez vos intentions à votre équipe.

- Avant l'entretien :

  1. Passez en revue l'un des défis liés à ce livre et mettez cette compétence en pratique lors de la réunion.

  2. Gardez à l'esprit que votre collaborateur doit s'approprier l'ordre du jour.

- Pendant l'entretien :

  1. Engagez-vous à ne pas accaparer plus de 30 % de la parole. Cherchez à savoir ce que vous pouvez faire pour soutenir votre interlocuteur. N'oubliez pas : mieux vaut enseigner les choses que les dire.

  2. Cherchez à recueillir des avis et à en donner seulement au besoin.

  3. Un minimum de trente minutes est conseillé pour faire le point sur l'avancée d'un projet et aborder tous les écueils qui posent problème.

  4. Consacrez du temps aux questions de calendrier, de développement et de plan de carrière.

Jour 1 Faire preuve d'humilité	**Jour 2** Penser avec abondance	**Jour 3** Commencer par écouter	**Jour 4** Déclarer ses intentions	**Jour 5** Prendre et tenir ses engagements
Jour 6 Incarner sa propre météo	**Jour 7** Inspirer la confiance	**Jour 8** Créer un équilibre entre vie professionnelle et vie privée	**Jour 9** Attribuer les bonnes fonctions aux bonnes personnes	**Jour 10** Consacrer du temps aux relations
Jour 11 Revoir ses paradigmes	**Jour 12** Affronter les conversations difficiles	**Jour 13** Parler avec franchise	**Jour 14** Être courageux sans manquer de tact	**Jour 15** Faire preuve de loyauté
Jour 16 Favoriser la vérité en toute sécurité	**Jour 17** Redresser les torts	**Jour 18** Être un coach permanent	**Jour 19** Protéger son équipe contre les urgences	**Jour 20** Mettre en place des entretiens individuels réguliers
Jour 21 Permettre aux autres d'exercer leur intelligence	**Jour 22** Créer une vision	**Jour 23** Identifier les objectifs résolument prioritaires	**Jour 24** Aligner les mesures sur les objectifs résolument prioritaires	**Jour 25** Entretenir des méthodes pertinentes
Jour 26 Produire des résultats	**Jour 27** Fêter les victoires	**Jour 28** Prendre des décisions de grande valeur	**Jour 29** Accompagner le changement	**Jour 30** Devenir meilleur

DÉFI 21 :

PERMETTRE AUX AUTRES D'EXERCER LEUR INTELLIGENCE

Faut-il vraiment que vous soyez la personne
la plus intelligente de la salle ?

À quoi ressemble une relation professionnelle avec vous ? Réfléchissez aux réponses que vos collègues et membres de votre équipe donneraient à ces questions :

- Vous sentez-vous mieux, et plus encouragé, après avoir été avec moi ?
- Vous sentez-vous plus fort ou moins fort après avoir parlé avec moi ?
- Êtes-vous capable de raconter des histoires sans que je vous interrompe ?
- Pouvez-vous partager de nouvelles idées avec moi ?
- Pouvez-vous gagner un débat avec moi, ou simplement y survivre, ou est-ce que je vous fatigue au point que vous capituliez ?
- Dois-je toujours avoir raison, avoir le dernier mot et l'idée gagnante ?
- Pouvez-vous vous sentir intelligent en ma présence ?
- Est-ce que je laisse le temps aux autres de s'exprimer, de protester ou de donner leurs idées comme elles viennent ?

Demandez à un équivalent, à un subordonné, à votre chef, à votre conjoint ou partenaire, ou à un autre membre du conseil ce qu'il pense de sa relation avec vous. Réfléchissez à leurs réponses à la lumière de ce défi de leadership : encouragez-vous les autres, leur permettez-vous d'exercer leur intelligence ? Quand j'ai commencé à la direction du département marketing, j'étais satisfait de la façon dont nous menions nos affaires : les courriers, les e-mails, les échanges téléphoniques, les entretiens individuels, un bon site web, les événements de lancement, etc. Mais au fil du temps, nos acheteurs et nos influenceurs sont devenus de plus en plus habiles pour dénicher les solutions de notre métier par les différents canaux en ligne. Il était grand temps pour moi d'engager de nouveaux talents afin de développer nos compétences numériques.

Nous devions recruter des associés en dehors de l'entreprise pour renforcer notre expertise dans de nouvelles stratégies telles que le référencement, l'interface utilisateur, l'automatisation du marketing, la production de vidéos, les réseaux sociaux et le paysage en constante évolution qu'est le marketing d'entreprise. J'avais besoin d'embaucher des spécialistes qui, dès le premier jour, en sauraient plus sur leurs fonctions que je n'en saurais moi-même. Nous avons donc engagé des professionnels très talentueux, dotés d'une expertise approfondie dans des domaines pointus mais essentiels. Peu à peu, j'ai eu l'impression de perdre ma raison d'être. Du moins, c'était ma perception.

Dans son excellent livre sur le leadership, *Les Multiplicateurs : Comment les meilleurs leaders font ressortir le génie en chacun*, Liz Wiseman invite les leaders à se poser plusieurs questions-clés : Êtes-vous un génie ou celui qui crée les génies ? Êtes-vous un multiplicateur (quelqu'un qui utilise son intelligence pour faire ressortir le meilleur chez les autres) ou un diviseur (le plus intelligent, celui qui sait tout sur tout et qui impose le silence aux autres) ?

Le docteur Covey a fait la promotion de peu de livres au cours de sa vie et il en a préfacé encore moins. Je suis fier qu'il ait rédigé l'avant-propos de celui de Liz. Ce livre est un chef-d'œuvre pour comprendre notre tendance naturelle, en tant que leaders, à toujours avoir la bonne réponse. Honnêtement, je peux attribuer à cet ouvrage le changement de mon style de leadership. J'ai choisi de prendre du recul et de donner à cette équipe de génies les moyens d'agir selon leurs forces. Ils ont alors développé notre présence numérique pour en faire la meilleure de sa catégorie (alors que, de mon côté, je confondais encore Instagram et Pinterest et j'essayais vainement de comprendre pourquoi un acheteur nous chercherait sur l'un ou l'autre de ces réseaux). Il n'a pas été facile de passer du statut de leader respecté, parmi les plus créatifs et les plus avant-gardistes, à celui qui essayait péniblement de suivre le rythme de ces nouveaux esprits, tous beaucoup plus jeunes et, je dois dire, plus brillants dans leurs domaines d'expertise.

En clair, avant ma révélation sur le rôle de multiplicateur, je n'étais pas franchement doué pour donner à mon équipe les moyens de diriger, d'élaborer des stratégies et d'affecter des ressources. J'asseyais mon autorité et ma position en jouant les gardiens, décidant de qui aurait ou non le droit de s'adresser au PDG et à l'équipe de direction. Avec du recul, j'ai sûrement étouffé la créativité et le développement des compétences au sein de mon équipe, échouant à favoriser la progression qui aurait dû se produire si j'avais moins douté de mes propres contributions. J'ai appris que mon travail ne consistait pas à tout savoir, mais à identifier, attirer, et surtout engager ceux qui savaient, afin de nous faire passer collectivement au niveau supérieur. D'aucuns penseront que j'ai réussi, d'autres que j'ai échoué. Bienvenue dans le leadership.

DANS SON EXCELLENT LIVRE SUR LE LEADERSHIP, **LES MULTIPLICATEURS : COMMENT LES MEILLEURS LEADERS FONT RESSORTIR LE GÉNIE EN CHACUN**, LIZ WISEMAN INVITE LES LEADERS À SE POSER PLUSIEURS QUESTIONS-CLÉS : ÊTES-VOUS UN GÉNIE OU CELUI QUI CRÉE LES GÉNIES ? ÊTES-VOUS UN MULTIPLICATEUR (QUELQU'UN QUI UTILISE SON INTELLIGENCE POUR FAIRE RESSORTIR LE MEILLEUR CHEZ LES AUTRES) OU UN DIVISEUR (LE PLUS INTELLIGENT, CELUI QUI SAIT TOUT SUR TOUT ET QUI IMPOSE LE SILENCE AUX AUTRES) ?

Les leaders qui ont du mal à permettre aux autres d'exercer leur intelligence sont souvent motivés par leur ego, leurs complexes ou leur impatience à se lancer pour surpasser n'importe quelle idée. Le département marketing de FranklinCovey avait un dicton : « La meilleure idée l'emporte... tant que c'est celle de Scott. » (C'était une blague, je l'espère, et j'aimerais que ça le reste.) Voici trois compétences que vous pouvez utiliser pour donner aux autres le pouvoir et l'envie de mettre en avant leur créativité, leur expérience et leurs perspectives :

- Considérez le pourcentage de temps que vous passez à parler au lieu d'écouter. Il ne s'agit pas seulement d'« entendre » l'autre personne, cela va au-delà de la physique et du mécanisme d'absorption du son, de son interprétation et du sens que l'on en tire. Il s'agit d'écouter réellement, c'est-à-dire d'accorder une attention particulière à votre interlocuteur et à ce qu'il vous dit. Écouter, ce n'est pas seulement entendre, c'est aussi comprendre et s'intéresser au discours.

- Demandez-vous à quel moment être l'expert qui présente les « bonnes » réponses, et à quel moment permettre à vos collègues de travailler de concert pour les trouver eux-mêmes. De nombreux leaders supposent que leur travail consiste à fournir la bonne réponse le plus rapidement possible. C'est souvent le cas, mais parfois, il est plus important que votre équipe trouve d'elle-même le moyen d'y parvenir afin d'être capable de recommencer.

- Ne soyez pas le moteur de la discussion. Demandez à un membre de votre équipe de prendre les rênes.

DU CHAOS AU SUCCÈS :
PERMETTRE AUX AUTRES D'EXERCER LEUR INTELLIGENCE

- Lisez *Les Multiplicateurs : Comment les meilleurs leaders font ressortir le génie en chacun* et faites l'évaluation en ligne gratuite qui accompagne l'achat du livre. Cette lecture va bouleverser votre monde et vous aider à devenir un créateur de génie. Vos futurs employés vous en remercieront.

- Évaluez votre paradigme : Êtes-vous à l'aise à l'idée de vous entourer de personnes plus intelligentes ? Avez-vous tendance à engager des personnes moins brillantes pour maintenir votre position au sommet, ou des personnes plus brillantes pour augmenter la qualité et le succès de toutes vos initiatives ?

- Lors de votre prochain entretien individuel avec un membre de votre équipe, demandez-lui de vous dire sincèrement ce qu'il ressent dans sa relation professionnelle avec vous.

- Invitez un membre de l'équipe à diriger une réunion de projet (avec ou sans vous). Prenez du recul et restez à l'écart.

- La prochaine fois que vous dirigerez une réunion, demandez à un collègue de confiance de comptabiliser votre pourcentage de temps de parole, de résolution des problèmes, etc. Comme vous serez conscient de ce calcul, le temps que vous passerez à diriger pourrait être inférieur à la normale. Néanmoins, ce sera un exercice instructif qui vous donnera un aperçu de vos éventuelles tendances à la dépréciation.

PARTIE 3 :

OBTENIR DES RÉSULTATS

Jour 1	Jour 2	Jour 3	Jour 4	Jour 5
Faire preuve d'humilité	Penser avec abondance	Commencer par écouter	Déclarer ses intentions	Prendre et tenir ses engagements

Jour 6	Jour 7	Jour 8	Jour 9	Jour 10
Incarner sa propre météo	Inspirer la confiance	Créer un équilibre entre vie professionnelle et vie privée	Attribuer les bonnes fonctions aux bonnes personnes	Consacrer du temps aux relations

Jour 11	Jour 12	Jour 13	Jour 14	Jour 15
Revoir ses paradigmes	Affronter les conversations difficiles	Parler avec franchise	Être courageux sans manquer de tact	Faire preuve de loyauté

Jour 16	Jour 17	Jour 18	Jour 19	Jour 20
Favoriser la vérité en toute sécurité	Redresser les torts	Être un coach permanent	Protéger son équipe contre les urgences	Mettre en place des entretiens individuels réguliers

Jour 21	Jour 22	Jour 23	Jour 24	Jour 25
Permettre aux autres d'exercer leur intelligence	Créer une vision	Identifier les objectifs résolument prioritaires	Aligner les mesures sur les objectifs résolument prioritaires	Entretenir des méthodes pertinentes

Jour 26	Jour 27	Jour 28	Jour 29	Jour 30
Produire des résultats	Fêter les victoires	Prendre des décisions de grande valeur	Accompagner le changement	Devenir meilleur

MANAGEMENT : DU CHAOS AU SUCCÈS

DÉFI 22 :

CRÉER UNE VISION

Avez-vous établi une vision inspirante qui aide vos collaborateurs à donner le meilleur d'eux-mêmes ?

CRÉER UNE VISION EN TANT QUE LEADER SIGNIFIE DÉFINIR OÙ VA VOTRE ÉQUIPE ET COMMENT ELLE S'Y REND. NOTEZ BIEN LE « COMMENT ». IL N'EST PAS RARE QU'UN LEADER, APRÈS AVOIR FAIT SA GRANDE DÉCLARATION, SE REPOSE SUR SES LAURIERS EN PARTANT DU PRINCIPE QUE SA VISION SE RÉALISERA D'ELLE-MÊME.

Dans l'histoire moderne, Walt Disney a été l'un des chefs d'entreprise les plus brillants en matière de création et de communication de sa vision. Celebration, la ville planifiée de la Disney Development Company, en est un formidable exemple. C'est le rêve de Walt devenu réalité, partiellement concrétisé par le centre EPCOT, à Walt Disney World à Orlando, en Floride. Je connais bien son histoire, car j'ai été l'un des membres de l'équipe fondatrice du projet, de 1992 à 1996. En quelques années seulement, Disney a transformé une quinzaine de kilomètres carrés de terrain vague et de pâturages en une ville parmi les plus innovantes du monde. On trouvait à Celebration une école publique/privée pionnière du genre, un centre commercial, des maisons et appartements, un hôpital moderne et des immeubles de bureaux conçus par plusieurs des plus grands architectes du monde. Le tout servi par une technologie de pointe pour un résultat que certains décrivent comme « le croisement entre les séries *Les Jetson* et *Mayberry* ».

Celebration n'est pas parfaite, bien sûr, mais là n'est pas la question. Ce qui importe, c'est que la ville a été inspirée par la vision d'une personne – que, j'imagine, la plupart des membres de l'équipe n'avaient jamais rencontrée. C'est la puissance de la vision de Walt Disney, un rêve qu'il a communiqué avec passion, clarté et cohérence.

Mon expérience chez Disney m'a appris que la création d'une vision audacieuse ne coule pas de source. Cela peut être à la fois très inspirant et particulièrement ardu. Personnellement, j'ai toujours été doué pour créer une vision, et je considère que c'est l'un de mes atouts les plus précieux en matière de leadership. Je ne parle pas seulement d'*avoir* une vision – d'ailleurs, ce n'est pas l'intitulé de ce défi. Les leaders *créent* une vision jusqu'à ce qu'elle soit partagée par leurs équipes et leurs collègues. Ils dépeignent une vision claire, en parfaite cohérence avec la mission et les objectifs de l'entreprise, si bien que n'importe qui pourrait la retranscrire en moins de trente secondes. Selon les théories de l'apprentissage classiques, les individus se divisent en trois catégories, les apprenants visuels, auditifs ou kinesthésiques. Je crois qu'à moins d'être atteint d'une déficience visuelle, *tout le monde* est un apprenant visuel. Personne, sans le moindre plan, n'a jamais obtenu de crédit immobilier en vue de faire construire. Il en va de même pour les leaders. Que vous utilisiez

PowerPoint, des images, des modèles ou des story-boards, la création d'une vision implique que les autres la voient. Et comme vous ne pouvez pas entrer dans la tête des autres pour vous assurer qu'ils voient (et comprennent) votre vision, vous devez faire en sorte qu'ils puissent l'appréhender. Voici ce que je demande à mes collègues et aux membres de mon équipe : de me répéter la vision que je viens de partager. Souvent, ils y apportent des éléments nouveaux. Et c'est très bien, car la création d'une vision est souvent un travail de groupe.

À mon ancien poste de directeur du marketing, j'étais responsable de la création d'une vision convaincante autour de nombreux événements et initiatives, dont la Journée de perfectionnement des animateurs. Cet événement permettait à nos clients animateurs (plus de cinq mille certifiés chaque année) d'accroître leur discernement professionnel, d'établir des réseaux et d'améliorer leurs compétences en matière d'animation et de conseil. Chaque année, notre équipe a créé une campagne de marketing percutante avec un thème, un site web, des stratégies de campagne par e-mails et des invitations imprimées en vue de l'événement. Nous terminions cette longue liste de tâches près d'un an avant l'événement, afin que les partenaires clients puissent communiquer à ce sujet auprès de leurs propres clients. Certains services au sein de l'entreprise étaient frustrés que les supports aient été conçus et distribués avant que la programmation ne soit bouclée : « Comment pouvez-vous vendre une chose avant de la créer ? » demandaient-ils. La réponse était simple : en créant et donnant corps à une vision puissante, on améliore ses chances d'être concrétisée. C'est monnaie courante, dans l'industrie du cinéma, par exemple, où les équipes de marketing créent une bande-annonce alors que le processus de production est encore en cours. Il est fréquent qu'un film soit toujours en phase de montage final quelques jours avant d'arriver dans votre salle de cinéma.

L'erreur consiste, au contraire, à supposer que le travail est terminé une fois que cette vision puissante a été créée. Vous connaissez peut-être la récente débâcle du Fyre Festival. Les organisateurs ont créé une vision magistrale, celle d'un festival de musique exclusif et haut de gamme, sur une île isolée des Caraïbes, avec du beau monde, des groupes en concert et des bateaux de luxe dans une eau turquoise. Les organisateurs du festival ont déboursé des centaines de milliers de dollars auprès d'influenceurs pour qu'ils partagent cette vision sur les réseaux sociaux.

Le seul problème, c'était que cette vision était complètement déconnectée de la réalité.

Lorsque les participants sont arrivés à l'événement, qui s'est déroulé à guichets fermés, ils ont découvert des tentes humanitaires reconverties à la place des villas de luxe qui leur avaient été promises, et des sandwiches au fromage en guise de restauration gastronomique. L'événement s'est terminé aussi rapidement qu'il avait commencé, par une ruée chaotique, alors que les participants tentaient de fuir l'île. Il faut en conclure qu'une grande vision ne suffit pas.

Les leaders efficaces structurent leur vision, la mettent en œuvre et lui donnent vie, ce que notre société enseigne dans sa session de travail sur *Les 4 Rôles essentiels du leadership*. Créer une vision en tant que leader signifie définir où va votre équipe et comment elle s'y rend. Notez bien le « comment ». Il n'est pas rare qu'un leader, après avoir fait sa grande déclaration, se repose sur ses lauriers en partant du principe que sa vision se réalisera d'elle-même. En réalité, de nombreuses stratégies pourtant audacieuses n'ont jamais décollé, parce que les membres de l'équipe n'étaient pas au clair sur la vision, en manque d'inspiration ou adeptes eux aussi d'une attitude passive et nonchalante.

Créer une vision, la communiquer efficacement et la traduire en comportements quotidiens requiert de nombreux talents. La bonne nouvelle, c'est que tout s'apprend :

- Adaptez votre message à la culture. Parlez-vous la même langue que votre public ? Utilisez-vous des termes compréhensibles par tous ? Les autres peuvent-ils se reconnaître dans le message ?

- Élaborez une vision qui soit à portée de main. Aussi ambitieux que cela paraisse, il serait tout bonnement ridicule de vouloir coloniser Mars en deux ans. Calibrez votre vision de sorte que, même si vos collègues doivent se surpasser – et plutôt deux fois qu'une –, ils puissent sortir gagnants. La vision doit être réalisable.

- Articulez et répétez la vision à chaque occasion appropriée. Faites-le jusqu'à ce que vous l'ayez communiquée si souvent que vous ne supportez plus de l'entendre vous-même. Et encore, même quand votre propre vision vous assomme, dites-vous que vous n'en êtes probablement qu'à 50 % du chemin à parcourir. Ne commettez pas l'erreur fatale de croire que, parce qu'elle est claire dans votre esprit, elle l'est aussi dans l'esprit des autres. La vision devient une réalité au prix d'une poursuite sans relâche et d'une communication acharnée.

- Désignez des ambassadeurs. Rassemblez des collègues pour communiquer votre vision, en vous assurant qu'ils la comprennent parfaitement. Sans les traiter avec condescendance, demandez-leur de vous la répéter. Demandez-leur de poser des questions sans retenue, de penser à toutes les éventualités. Mieux vos ambassadeurs comprendront, plus ils seront susceptibles de devenir des traducteurs et des messagers fidèles. Pensez à vous enregistrer en vidéo et en audio, et à formuler votre vision par écrit afin que tout le monde la comprenne point par point.

MANAGEMENT : DU CHAOS AU SUCCÈS

Certains de ces conseils peuvent sembler présomptueux, mais le but est de renforcer la réalité suivante : on ne communique jamais trop une vision inspirante. Les initiatives et les projets ambitieux et dignes d'intérêt échouent souvent parce que les leaders pensaient à tort qu'ils avaient été suffisamment relayés au sein de leur équipe ou de leur entreprise. Dans certains cas, il arrive qu'eux-mêmes s'en soient désintéressés.

DU CHAOS AU SUCCÈS :
CRÉER UNE VISION

- Élaborez une vision d'équipe en répondant à ces questions :

  1. Quelles contributions notre équipe peut-elle apporter à la mission et à la vision de l'entreprise ?

  2. Si notre équipe pouvait apporter une contribution extraordinaire au cours des cinq prochaines années, quelle serait-elle ?

- Prenez un moment pour vous remémorer une vision inspirante qui a trouvé un écho en vous. En quoi était-elle motivante et puissante, pour vous personnellement ?

- Créez une vision pour votre équipe en formulant non seulement la raison et l'objet, mais aussi le moyen. Au-delà du « pourquoi » et du « quoi », c'est ce « comment » qui pourrait bien être la clé de la réussite.

Jour 1	Jour 2	Jour 3	Jour 4	Jour 5
Faire preuve d'humilité	Penser avec abondance	Commencer par écouter	Déclarer ses intentions	Prendre et tenir ses engagements

Jour 6	Jour 7	Jour 8	Jour 9	Jour 10
Incarner sa propre météo	Inspirer la confiance	Créer un équilibre entre vie professionnelle et vie privée	Attribuer les bonnes fonctions aux bonnes personnes	Consacrer du temps aux relations

Jour 11	Jour 12	Jour 13	Jour 14	Jour 15
Revoir ses paradigmes	Affronter les conversations difficiles	Parler avec franchise	Être courageux sans manquer de tact	Faire preuve de loyauté

Jour 16	Jour 17	Jour 18	Jour 19	Jour 20
Favoriser la vérité en toute sécurité	Redresser les torts	Être un coach permanent	Protéger son équipe contre les urgences	Mettre en place des entretiens individuels réguliers

Jour 21	Jour 22	Jour 23	Jour 24	Jour 25
Permettre aux autres d'exercer leur intelligence	Créer une vision	Identifier les objectifs résolument prioritaires	Aligner les mesures sur les objectifs résolument prioritaires	Entretenir des méthodes pertinentes

Jour 26	Jour 27	Jour 28	Jour 29	Jour 30
Produire des résultats	Fêter les victoires	Prendre des décisions de grande valeur	Accompagner le changement	Devenir meilleur

DÉFI 23 :

IDENTIFIER LES OBJECTIFS RÉSOLUMENT PRIORITAIRES

Tous les membres de votre équipe sont-ils au clair sur leurs deux ou trois priorités et comment orienter leurs efforts pour les atteindre ?

Quantité n'est pas synonyme de qualité. Sauf en matière de pizza, dans ce cas, avouons-le, la quantité est toujours une qualité. La tentation d'accepter toujours plus de ces excellentes (ou simplement bonnes) idées qui nous viennent à l'esprit est peut-être le pire écueil qui menace les leaders. Suis-je tombé dans le piège du oui systématique ? Sans aucun doute. J'y ai même élu domicile et fait suivre mon courrier. J'adore dire oui. Pourtant, ce que j'ai dû apprendre à la dure, c'est qu'il faut donner la priorité aux objectifs résolument prioritaires, au détriment d'une foultitude d'autres bonnes idées. Les objectifs résolument prioritaires (ou « Wildly Important Goals », « WIG », comme nous les appelons) sont les priorités absolues à atteindre, sans quoi aucune autre ne compte. Malgré leur importance capitale, ces objectifs peuvent être négligés au profit, par exemple, des urgences du jour (voir le Défi 19).

En cédant à la tentation de se concentrer sur les nouvelles idées, on se laisse submerger par les urgences. Il y a peu, en lisant *Les Multiplicateurs*, j'ai eu une révélation professionnelle. J'ai compris que j'étais ce que l'auteure appelle « le type à idées », l'une des six catégories de diviseurs involontaires (un concept évoqué précédemment dans le Défi 21). Le type à idées en veut toujours plus, en dit plus, en crée plus et en offre plus aux autres. C'est comme ça qu'il a prouvé sa valeur dans le passé, en proposant toujours diverses solutions, souvent avec style et beaucoup de charisme, que les personnes intelligentes et déterminées apprécient de suivre.

> QUANTITÉ N'EST PAS SYNONYME DE QUALITÉ. SAUF EN MATIÈRE DE PIZZA, DANS CE CAS, AVOUONS-LE, LA QUANTITÉ EST TOUJOURS UNE QUALITÉ. LA TENTATION D'ACCEPTER TOUJOURS PLUS DE CES EXCELLENTES (OU SIMPLEMENT BONNES) IDÉES QUI NOUS VIENNENT À L'ESPRIT EST PEUT-ÊTRE LE PIRE ÉCUEIL QUI MENACE LES LEADERS.

Au début, le type à idées l'emporte souvent, car il obtient le budget, le temps, l'attention, la concentration et les ressources nécessaires pour sauver la mise grâce à son super plan. On le considère comme tout à fait pertinent sur le moment. Après tout, c'est vrai, ses efforts héroïques rapprochent l'entreprise de son objectif, du moins en apparence. Mais voici le problème : trop souvent, ces idées, aussi exceptionnellement créatives et convaincantes qu'elles soient pour résoudre des problèmes à court terme, risquent de détourner l'attention des objectifs généraux. Cela ne veut pas dire que les personnes créatives (les « types à idées ») ne fassent pas partie intégrante du besoin d'innovation que ressent toute entreprise. Elles sont même inestimables, seulement elles ont besoin de directives et de discipline.

Je crois que l'auteure pensait à moi en créant cette catégorie (ou à vous, peut-être ?). La compétence de leadership nécessaire pour travailler avec nous, les types à idées, c'est le discernement, précieux pour équilibrer notre énergie et notre dynamisme avec les projets incontournables à plus long terme. Souvent, cet équilibre revient à refuser une nouvelle idée, aussi séduisante qu'elle soit. Je parie que peu d'entre nous ont vraiment conscience de l'impact en aval causé par un petit « oui » en passant. Les grands leaders apprennent à ne pas rejeter en bloc les propositions du type à idées, mais plutôt à les équilibrer au regard des objectifs plus importants.

Alors, comment identifier les objectifs prioritaires de votre équipe ? Ne commencez pas par demander : « Quels sont les points les plus importants sur lesquels se concentrer ? » Comme l'expliquent plus en détail Chris McChesney, Sean Covey et Jim Huling dans le best-seller *Les 4 Disciplines de l'exécution*, il convient de demander : « Si tous les autres domaines de notre activité restaient à leur niveau de performance actuel, dans quel domaine un changement aurait-il l'impact le plus important ? »

Cela vous aidera à générer une liste d'objectifs potentiels. Partagez-les ensuite avec votre équipe afin d'obtenir des avis et trouver un consensus.

Pour de meilleures chances d'atteindre vos objectifs résolument prioritaires :

LES OBJECTIFS RÉSOLUMENT PRIORITAIRES (OU « WILDLY IMPORTANT GOALS », « WIG », COMME NOUS LES APPELONS) SONT LES PRIORITÉS ABSOLUES À ATTEINDRE, SANS QUOI AUCUNE AUTRE NE COMPTE.

- *Collaborez*. Travaillez avec les principales parties prenantes pour identifier les objectifs et débattre ensuite de leur ordre de priorité. Posez-vous la question suivante : « Une fois exécutés, ces objectifs offrent-ils un rendement qui justifie le report d'autres objectifs ? » N'oubliez pas que tous ne peuvent pas être résolument prioritaires.

- *Choisissez*. Sélectionnez les initiatives sur lesquelles vous ne travaillerez pas. Faites part à votre équipe des points auxquels vous renoncez afin qu'elle comprenne ceux que vous acceptez.

- *Présentez*. Rédigez vos objectifs en termes clairs et concrets. *Les 4 Disciplines de l'exécution* enseignent une formule simple que nous appelons « De X à Y pour quand ». Par exemple, le taux de fidélisation des clients doit passer de 84 % à 91 % d'ici le 31 décembre.

- *Communiquez*. Partagez vos objectifs avec une clarté suffisante pour que toutes les personnes concernées puissent les prêcher avec le même sérieux et la même compréhension que vous.

- *Surveillez.* Prenez note des progrès accomplis dans la réalisation de vos objectifs. Utilisez un tableau de bord visuellement agréable afin que chacun puisse savoir d'un coup d'œil si vous êtes en passe d'atteindre l'objectif ou d'échouer.
- *Déléguez.* Veillez à ce que chaque membre de l'équipe impliqué dans la réalisation de l'objectif comprenne sa contribution, ainsi que les comportements nouveaux et peut-être différents qu'il doit adopter. Soyez également conscient de ce que vous devez faire différemment.
- *Discutez.* Organisez et dirigez des réunions récurrentes pour vérifier l'état d'avancement de l'objectif et du tableau d'affichage, signaler les succès et les échecs, et prendre de nouveaux engagements pour atteindre l'objectif principal.
- *Célébrez.* Identifiez les réussites lorsque l'objectif est atteint. Puis ajoutez le suivant à la liste.

Lors des réunions de l'équipe de direction, quand une occasion ou une situation difficile se présentait, j'étais connu pour mes questions du type : « Et si on... ? » Cela pourrait presque être l'épitaphe sur ma pierre tombale. C'était généralement mon préambule à un déluge d'idées créatives (et autant de digressions). J'ai dû produire un effort conscient pour me concentrer sur les objectifs principaux et, à ce moment-là, je me suis engagé à ne plus utiliser cette accroche aussi souvent. Ainsi, l'entreprise a pu rester concentrée sur ses objectifs résolument prioritaires. Vous allez peut-être devoir vous défaire de cette habitude coriace, surtout si vous êtes un type à idées comme moi.

MANAGEMENT : DU CHAOS AU SUCCÈS

DU CHAOS AU SUCCÈS :

IDENTIFIER LES OBJECTIFS RÉSOLUMENT PRIORITAIRES

- Avec votre équipe, déterminez les deux ou trois objectifs prioritaires, sans quoi rien d'autre n'aura d'importance.

  Déterminez une ligne de départ, une ligne d'arrivée et une date limite pour chaque objectif : « De X à Y pour quand ».

- Faites coïncider les objectifs avec la vision, la mission et la stratégie de votre entreprise.

- Suivez les sages conseils de Jim Collins, auteur de livres professionnels, et prêtez attention à votre liste de « choses à ne pas faire » tout autant qu'à votre liste de « choses à faire ».

Jour 1	**Jour 2**	**Jour 3**	**Jour 4**	**Jour 5**
Faire preuve d'humilité	Penser avec abondance	Commencer par écouter	Déclarer ses intentions	Prendre et tenir ses engagements

Jour 6	**Jour 7**	**Jour 8**	**Jour 9**	**Jour 10**
Incarner sa propre météo	Inspirer la confiance	Créer un équilibre entre vie professionnelle et vie privée	Attribuer les bonnes fonctions aux bonnes personnes	Consacrer du temps aux relations

Jour 11	**Jour 12**	**Jour 13**	**Jour 14**	**Jour 15**
Revoir ses paradigmes	Affronter les conversations difficiles	Parler avec franchise	Être courageux sans manquer de tact	Faire preuve de loyauté

Jour 16	**Jour 17**	**Jour 18**	**Jour 19**	**Jour 20**
Favoriser la vérité en toute sécurité	Redresser les torts	Être un coach permanent	Protéger son équipe contre les urgences	Mettre en place des entretiens individuels réguliers

Jour 21	**Jour 22**	**Jour 23**	**Jour 24**	**Jour 25**
Permettre aux autres d'exercer leur intelligence	Créer une vision	Identifier les objectifs résolument prioritaires	Aligner les mesures sur les objectifs résolument prioritaires	Entretenir des méthodes pertinentes

Jour 26	**Jour 27**	**Jour 28**	**Jour 29**	**Jour 30**
Produire des résultats	Fêter les victoires	Prendre des décisions de grande valeur	Accompagner le changement	Devenir meilleur

DÉFI 24 :

ALIGNER LES MESURES SUR LES OBJECTIFS RÉSOLUMENT PRIORITAIRES

Les efforts des membres de votre équipe servent-ils vos objectifs ? Comment pouvez-vous faire en sorte qu'ils y parviennent plus facilement ?

Le défi précédent portait sur l'identification des objectifs résolument prioritaires et leur partage au sein de l'équipe. Ce défi-ci se concentre sur ce qui est mis en œuvre pour les atteindre. Il a pour but d'orienter les mesures de chacun en vue de l'objectif recherché. Cela soulève une question simple : Est-ce que vous et les membres de votre équipe savez quelles mesures (comportements) adopter ?

Si un objectif est élevé au rang de priorité absolue, c'est qu'il est essentiel pour la survie ou la croissance de l'équipe et de l'entreprise. Cela signifie également que tous les objectifs que votre équipe tente d'atteindre ne peuvent pas être prioritaires. En effet, cela diluerait l'importance de l'objectif en question, et par conséquent, la motivation à y consacrer ses efforts, son temps, ses ressources et son attention. Voici une autre formule à garder à l'esprit : *Si chaque objectif est prioritaire, vous êtes un escroc.*

Vous avez sûrement entendu (et peut-être même partagé) le dicton suivant : « La folie, c'est répéter la même chose sans relâche et s'attendre à des résultats différents. » Oublions qu'Albert Einstein n'a probablement jamais prononcé cette phrase, elle n'en est pas moins pertinente. Pour les leaders, s'aligner sur les objectifs signifie que toutes les personnes impliquées doivent changer de comportement. Comme le dit le docteur Covey : « Plus facile à dire qu'à faire. »

UN CHANGEMENT SIGNIFICATIF DOIT VENIR DE L'INTÉRIEUR. IL DOIT COMMENCER PAR VOUS, EN TANT QUE LEADER. C'EST VOUS QUI DEVEZ VOUS ENGAGER À ADOPTER DE NOUVEAUX COMPORTEMENTS ET À LES METTRE EN ŒUVRE. QUAND VOUS CHANGEREZ DE COMPORTEMENT, LES AUTRES VERRONT VOTRE ENGAGEMENT À ATTEINDRE LES OBJECTIFS.

Un changement significatif doit venir de l'intérieur. Il doit commencer par vous, en tant que leader. C'est vous qui devez vous engager à adopter de nouveaux comportements et à les mettre en œuvre. Quand vous changerez de comportement, les autres verront votre engagement à atteindre les objectifs. Vous pouvez même aller plus loin en annonçant comment vous avez l'intention de changer de comportement au début d'un nouvel objectif. Avec une telle stratégie, le risque est à la hauteur de la récompense. Vous serez scruté. Attentivement. Votre équipe ne vous lâchera pas tant que vous n'aurez pas adopté ce comportement de manière si constante qu'il sera accepté comme la nouvelle norme, ou tant que vous n'aurez pas baissé les bras et abandonné, au risque de passer pour un hypocrite. Choisissez un changement qui soit du même ordre que celui que vous souhaitez voir chez les membres de votre équipe, à moins que votre rôle soit bien distinct ou plus explicitement défini. En effet, un directeur

MANAGEMENT : DU CHAOS AU SUCCÈS

du marketing ne s'engagera pas en vue d'un objectif de la même manière qu'un responsable du numérique ou des réseaux sociaux. Quoi qu'il en soit, le point commun sera un comportement nouveau et meilleur, au vu et au su de tous.

Pour vous assurer que votre équipe a bien aligné ses mesures sur ses objectifs, réunissez-vous et réfléchissez aux comportements spécifiques que vous attendez les uns des autres. Cela peut sembler condescendant à première vue, mais laisser les autres deviner à l'aveuglette ce qu'ils doivent faire revient à abdiquer sa responsabilité de leader. Même les individus les plus matures et expérimentés peuvent avoir besoin d'aide pour comprendre ce que signifie la nouveauté que l'on attend d'eux. Comme on l'entend souvent dans les couloirs de notre entreprise : « Pas d'implication, pas d'engagement »

Voici quelques mesures à envisager afin de rester toujours parfaitement alignés sur vos objectifs (tirées du best-seller de FranklinCovey, *Les 4 Disciplines de l'exécution*) :

- Concentrez vos meilleurs efforts sur un ou deux objectifs parmi ceux qui auront l'impact le plus important (plutôt que de consacrer des efforts médiocres à des dizaines d'objectifs).

- Choisissez les batailles qui vous permettront de remporter la guerre. Il est facile de dresser une longue liste de choses à faire pour atteindre vos objectifs généraux. Demandez-vous plutôt : « Quel est le nombre minimum de batailles nécessaires pour gagner cette guerre ? » Concentrez votre attention sur les éléments critiques qui vous assureront la victoire.

- Validez ou non, mais ne dictez pas. Laissez vos chefs d'équipe et vos collaborateurs définir les mesures alignées sur vos objectifs. Votre rôle consiste à apporter de la clarté, et vous verrez que vos chefs d'équipe vous apporteront leur engagement (si vous les y autorisez).

- Fixez une ligne d'arrivée sous la forme « De X à Y pour quand ». Afin de vous assurer que vos mesures soient bien alignées sur vos objectifs prioritaires, vous devez établir un résultat concret et mesurable, ainsi qu'une date à laquelle ce résultat doit être atteint. Bien que nous ayons déjà abordé ce concept dans un défi précédent, il mérite d'être répété en raison de son succès et de son impact avérés auprès des clients.

J'ai vu plusieurs leaders réussir à aligner leurs mesures sur leurs objectifs. Ils ne se sont pas contentés de claironner un beau discours de lancement bien motivant. Ils ont opéré eux-mêmes des changements fondamentaux dans leur façon de planifier leurs semaines et leurs journées, ainsi que dans leur emploi des diverses ressources. La croissance conséquente pour eux, en matière de maturité personnelle, de sensibilité professionnelle et d'influence, s'est avérée remarquable. Sans compter la satisfaction d'avoir atteint les objectifs impératifs. Après tout, n'est-ce pas ce que l'on attend de tout leader ?

DU CHAOS AU SUCCÈS :

ALIGNER LES MESURES SUR LES OBJECTIFS RÉSOLUMENT PRIORITAIRES

- Avec les membres de votre équipe, réfléchissez aux comportements spécifiques qui les aideront à atteindre les objectifs les plus importants

- Pour obtenir des résultats nouveaux et différents, chacun devra certainement apprendre quelque chose de nouveau et faire quelque chose de différent. Ayez le courage de demander aux membres de votre équipe d'identifier tout nouveau comportement que vous devriez mettre en œuvre, selon eux, en vue de votre objectif. Cela peut les aider à se montrer plus réceptifs à vos suggestions concernant leurs comportements.

- Adoptez le nouveau comportement que vous vous êtes fixé et servez-vous-en pour motiver les autres, et non pour les rabaisser.

- Veillez à ce que les membres de l'équipe aient toujours une vue d'ensemble sur toute l'opération, pas seulement une vision limitée à leurs fonctions uniquement.

Jour 1	**Jour 2**	**Jour 3**	**Jour 4**	**Jour 5**
Faire preuve d'humilité	Penser avec abondance	Commencer par écouter	Déclarer ses intentions	Prendre et tenir ses engagements
Jour 6	**Jour 7**	**Jour 8**	**Jour 9**	**Jour 10**
Incarner sa propre météo	Inspirer la confiance	Créer un équilibre entre vie professionnelle et vie privée	Attribuer les bonnes fonctions aux bonnes personnes	Consacrer du temps aux relations
Jour 11	**Jour 12**	**Jour 13**	**Jour 14**	**Jour 15**
Revoir ses paradigmes	Affronter les conversations difficiles	Parler avec franchise	Être courageux sans manquer de tact	Faire preuve de loyauté
Jour 16	**Jour 17**	**Jour 18**	**Jour 19**	**Jour 20**
Favoriser la vérité en toute sécurité	Redresser les torts	Être un coach permanent	Protéger son équipe contre les urgences	Mettre en place des entretiens individuels réguliers
Jour 21	**Jour 22**	**Jour 23**	**Jour 24**	**Jour 25**
Permettre aux autres d'exercer leur intelligence	Créer une vision	Identifier les objectifs résolument prioritaires	Aligner les mesures sur les objectifs résolument prioritaires	Entretenir des méthodes pertinentes
Jour 26	**Jour 27**	**Jour 28**	**Jour 29**	**Jour 30**
Produire des résultats	Fêter les victoires	Prendre des décisions de grande valeur	Accompagner le changement	Devenir meilleur

MANAGEMENT : DU CHAOS AU SUCCÈS

DÉFI 25 :

ENTRETENIR DES MÉTHODES PERTINENTES

Les leaders efficaces créent des méthodes
qui favorisent les meilleurs résultats. Quand
avez-vous fait le point pour la dernière fois
sur la pertinence de vos méthodes ?

Avez-vous déjà pris la décision autonome et consciente de cesser d'utiliser votre dentifrice actuel pour passer à une autre marque ? Je parle d'une décision qui dépendrait uniquement de vous – pas de marketing, de publicité, de recommandations d'amis, de coupons ni d'échantillons gratuits chez le dentiste. La réponse est sans doute non. C'est très certainement lié à la nature humaine : nous nous installons volontiers dans des habitudes pour les choses faciles du quotidien, afin que nos cerveaux puissent s'atteler à des problèmes plus importants. Je ne suis pas neuroscientifique, mais je suis l'heureux propriétaire d'un cerveau, et cette explication me semble logique.

> ON OBSERVE UN RÉFLEXE SIMILAIRE DANS LA VIE PROFESSIONNELLE, LA TENDANCE À S'INSTALLER DANS DES HABITUDES ACCEPTABLES, NOTAMMENT POUR LES ASPECTS QUI SEMBLENT FONCTIONNER.

On observe un réflexe similaire dans la vie professionnelle, la tendance à s'installer dans des habitudes acceptables, notamment pour les aspects qui semblent fonctionner. De « c'est pas mal », on bascule sur « mieux vaut ne plus y toucher ». On se place souvent en retrait pour laisser les méthodes faire leur travail, même si elles ne sont pas parfaitement alignées sur la mission et les objectifs assignés. Ou alors, on se plaint, et le département des opérations devient le bouc émissaire de toute la boîte. Les nombreuses pièces mobiles d'un système ne sont jamais aussi simples que les ronchons (vous et moi) peuvent le croire. Un exemple concret : Lorsque ma femme et moi sommes confrontés à une méthode ou à un processus que nous ne comprenons pas, elle me demande : « Pourquoi ils ne font pas *comme ça* ? » Et à sa plus grande frustration, je réponds la plupart du temps : « J'imagine qu'ils ont leurs raisons. Il se passe toujours plus de choses qu'on ne le croit sous la surface. » En fait, on dispose rarement de tous les tenants et aboutissants (voire jamais), même après s'être renseigné.

Les méthodes et protocoles sont complexes par nature, même dans les petites entreprises. C'est un mal nécessaire, un peu comme les brocolis (sans sauce au fromage). Désagréable, mais indispensable.

Les systèmes organisationnels relèvent de la responsabilité de chacun. Il ne s'agit pas seulement de s'en plaindre, mais de les comprendre, de les soutenir et de contribuer à leur amélioration. Par exemple, si j'estime que le prix d'un fournisseur est trop élevé, je dois chercher à comprendre la stratégie en place. En supposant que le responsable du système actuel soit bien intentionné, je peux toujours prévoir une réunion si les doutes persistent. Je vous conseille de choisir ces réunions avec soin et d'être prêt à apprendre un tas d'informations que vous ignoriez auparavant. Chaque fois que j'ai organisé ce type de réunions, on m'a presque toujours apporté des éléments qui invalidaient ma brillante solution. Mais je suis reparti avec une meilleure compréhension des raisons qui sous-tendaient tel ou tel système en place, ce qui m'a permis de les expliquer à mon équipe. Ainsi, ma meilleure compréhension a aidé mon équipe à accepter la situation (et à choisir plus soigneusement ses batailles à l'avenir.)

Bien sûr, je remets en question nos méthodes et je cherche à les améliorer dans la mesure du possible. C'est la mission de tout leader : changer ou mourir. Améliorer constamment ses systèmes ou être dépassé. La dure réalité, c'est que certains processus et méthodes semblent tout ralentir. Quelle personne sensée concevrait un système dans le but de tout ralentir ? (À l'exception du cerveau brillant à l'origine de la mijoteuse – merci pour mon rôti de porc laqué à l'orange et mijoté pendant huit heures, le dimanche en hiver. Je vous aime.)

Pensez-y à l'aune de votre propre équipe : vos méthodes servent-elles votre mission ? Avez-vous fait preuve de patience et d'efforts rigoureux pour comprendre en quoi elles étaient pertinentes pour vos stratégies, vos objectifs et les besoins de vos clients ? Pour les besoins de vos employés aussi ? Considérez les questions suivantes sur la pertinence des méthodes :

- Les personnes adéquates, avec les compétences adéquates, occupent-elles les postes adéquats ?
- Les bonnes fonctions et responsabilités sont-elles en place pour que les gens travaillent bien ensemble ?
- Les gens sont-ils reconnus et récompensés de la bonne manière ?
- Les ressources adéquates sont-elles disponibles pour favoriser la réussite ?
- Les décisions adéquates sont-elles prises par les personnes les plus proches du travail en question ?
- Avons-nous les bons processus en place pour accomplir le travail prioritaire ?

La directrice des opérations de FranklinCovey, Colleen Dom, a une formule pour décrire le rôle de son équipe : « Nous ne définissons pas la stratégie de l'entreprise. Au contraire, nous comprenons la stratégie et créons un système pour la mettre en œuvre. Nous voulons éviter de devenir le département de prévention des réussites. »

J'admire la façon dont Colleen et son équipe gèrent avec doigté quatre tensions systémiques afin de maintenir notre machine aussi bien huilée et fluide que possible :

- Soutenir nos clients dans l'accomplissement de leurs objectifs en adoptant et en mettant en œuvre nos solutions de façon simple et abordable.

- Soutenir nos collègues de la vente et de la distribution afin de leur permettre d'accomplir tout cela, de gagner leur vie et de rester engagés auprès de notre entreprise.

- Préserver l'entreprise et notre propriété intellectuelle, notre marque et notre réputation.

- Augmenter le chiffre d'affaires et dégager un bénéfice pour nos actionnaires.

Vous n'avez certainement pas la mainmise directe sur tous les systèmes et méthodes avec lesquels vous travaillez, mais vous ne pouvez pas non plus les accepter aveuglément comme gravés dans le marbre. Votre travail consiste à comprendre la raison d'être et les nuances de chaque système qui vous paraît en décalage avec votre mission et vos objectifs, et de contribuer à (ou, si vous en avez le pouvoir, de réaliser directement) ses améliorations.

> **C'EST LA MISSION DE TOUT LEADER : CHANGER OU MOURIR. AMÉLIORER CONSTAMMENT SES SYSTÈMES OU ÊTRE DÉPASSÉ.**

S'il est peu probable que la mission de votre entreprise change, en revanche, il est vraisemblable que vos systèmes évoluent. Il peut être nécessaire de procéder à des évaluations périodiques afin de s'assurer que les moyens restent bien alignés sur les objectifs. L'efficacité, les nouveaux protocoles, la réduction des doublons, tout cela participe à une nette amélioration de la rentabilité et de la simplicité du travail. Assurez-vous seulement que ces changements ne nuisent pas à vos capacités et n'aillent pas à l'encontre de votre objectif ultime, l'accomplissement de votre mission.

Qui sait, vous pourriez même commencer à aimer le brocoli, après tout (surtout avec les bons systèmes de soutien, en l'occurrence le jus de citron, la sauce au fromage, le sel et un grand verre de chocolat au lait pour faire descendre le tout).

DU CHAOS AU SUCCÈS :
ENTRETENIR DES MÉTHODES PERTINENTES

- Examinez en quoi vos méthodes existantes sont pertinentes vis-à-vis de la mission de votre entreprise, ses clients, sa force de vente, sa marque, sa réputation, le développement de ses produits et autres fonctions vitales.

- Identifiez un système qui, amélioré ou rationalisé, pourrait avoir un impact positif phénoménal sur plusieurs aspects de l'entreprise.

- Examinez en profondeur les rouages de ce système en particulier, qui vous semblent peu pertinents ou trop lourds. Faites les efforts de rigueur pour comprendre les nuances sous la surface.

Jour 1 Faire preuve d'humilité	**Jour 2** Penser avec abondance	**Jour 3** Commencer par écouter	**Jour 4** Déclarer ses intentions	**Jour 5** Prendre et tenir ses engagements
Jour 6 Incarner sa propre météo	**Jour 7** Inspirer la confiance	**Jour 8** Créer un équilibre entre vie professionnelle et vie privée	**Jour 9** Attribuer les bonnes fonctions aux bonnes personnes	**Jour 10** Consacrer du temps aux relations
Jour 11 Revoir ses paradigmes	**Jour 12** Affronter les conversations difficiles	**Jour 13** Parler avec franchise	**Jour 14** Être courageux sans manquer de tact	**Jour 15** Faire preuve de loyauté
Jour 16 Favoriser la vérité en toute sécurité	**Jour 17** Redresser les torts	**Jour 18** Être un coach permanent	**Jour 19** Protéger son équipe contre les urgences	**Jour 20** Mettre en place des entretiens individuels réguliers
Jour 21 Permettre aux autres d'exercer leur intelligence	**Jour 22** Créer une vision	**Jour 23** Identifier les objectifs résolument prioritaires	**Jour 24** Aligner les mesures sur les objectifs résolument prioritaires	**Jour 25** Entretenir des méthodes pertinentes
Jour 26 Produire des résultats	**Jour 27** Fêter les victoires	**Jour 28** Prendre des décisions de grande valeur	**Jour 29** Accompagner le changement	**Jour 30** Devenir meilleur

DÉFI 26 :

PRODUIRE DES RÉSULTATS

Vous et votre équipe produisez-vous
des activités plus que des résultats ?
Les résultats sont-ils les bons ?

Passer du chaos au succès nécessite souvent le soutien et l'accompagnement d'un leader. J'ai bénéficié des conseils d'un PDG qui m'a influencé sur un problème en particulier : ma concentration. Non que je ne sois *pas* concentré sur le travail et sur les choses à faire (bien au contraire), mais la question était de savoir ce qui se passe quand j'exécute les tâches sur lesquelles je suis concentré. Je pense qu'il résumait cela par : « Scott peut tout faire, mais ce n'est pas toujours bon. »

Attendez une minute ! Je suis sûr que vous pensez : *être capable de tout faire, comment cela pourrait ne pas être bon ?* Eh bien, voilà ce qu'il en est... Comme j'ai de l'influence, que je connais l'entreprise sur le bout des doigts et que j'ai accès aux ressources, je peux facilement détourner le temps et l'attention de nombreuses personnes vers « B » alors qu'en réalité, ce qui compte le plus pour l'entreprise, c'est « A ». En réalité, il ne suffit pas d'obtenir des résultats, les leaders doivent obtenir les *bons* résultats de la *bonne* manière. Les « bons résultats », c'est quand ce que vous accomplissez correspond à la priorité de l'entreprise. Pour cela, il faut constamment ajuster son travail et s'assurer auprès de son chef que l'on est en bonne voie pour remplir les objectifs. Et la « bonne manière », c'est obtenir les résultats sans épuiser son équipe, la heurter ou la démotiver. Le leadership, ce n'est pas seulement courir le marathon actuel, mais au-delà, les trente suivants et encore après.

> J'AI BÉNÉFICIÉ DES CONSEILS D'UN PDG QUI M'A INFLUENCÉ SUR UN PROBLÈME EN PARTICULIER : MA CONCENTRATION. NON QUE JE NE SOIS **PAS** CONCENTRÉ SUR LE TRAVAIL ET SUR LES CHOSES À FAIRE (BIEN AU CONTRAIRE), MAIS LA QUESTION ÉTAIT DE SAVOIR CE QUI SE PASSE QUAND J'EXÉCUTE LES TÂCHES SUR LESQUELLES JE SUIS CONCENTRÉ. JE PENSE QU'IL RÉSUMAIT CELA PAR : « SCOTT PEUT TOUT FAIRE, MAIS CE N'EST PAS TOUJOURS BON. »

Il y a un enseignement à tirer du monde des courses hippiques. Personne ne contestera que les courses hippiques visent à obtenir des résultats. Il s'agit d'un partenariat unique entre le propriétaire, l'entraîneur, le jockey et le cheval, qui travaillent de concert en vue de gagner. Ce que vous ne verrez pas, cependant, c'est un jockey professionnel monter sur un cheval blessé. C'est un signe de respect et d'amour étonnant : les jockeys n'hésitent pas à sauter en plein milieu d'une course aux enjeux élevés pour s'arrêter et soutenir la jambe du cheval, le protégeant ainsi d'une blessure supplémentaire. Le *Toronto Sun* l'a exprimé ainsi : « Le travail premier d'un jockey est de s'assurer que le cheval qu'il monte court en toute sécurité. Ensuite, seulement si le cheval en est capable, il essaie de gagner la course... Mais si un jockey sent que quelque chose ne va pas, la mission est annulée, quelles qu'en soient les circonstances. » L'auteur faisait référence à la course de 2015 au cours de laquelle Mike Smith a arrêté Shared Belief à mi-chemin de la Charles Town Classic dont les enjeux s'élevaient à 1,5 million de dollars. Il ne fait aucun doute qu'il était important pour les propriétaires de Shared Belief de gagner cette course très lucrative. Mais ils ont compris que, pour obtenir des résultats, il fallait aussi gagner les courses futures et pas seulement celle qui avait lieu devant eux. Pour pousser le concept un peu plus loin, tout le monde dans le milieu équestre sait que si le cheval a une blessure qui l'empêche de courir à l'avenir, il doit rester au haras (ce qui n'est pas, en soi, une option insoutenable). Si la blessure est trop grave et que le cheval est incapable de se tenir debout ou de marcher, en revanche, on peut être amené à l'abattre (une issue tragique, pour le coup).

Il est bien dommage que de nombreux leaders n'aient pas la présence d'esprit de traiter leurs équipes blessées ou en difficulté avec autant de soin que les jockeys envers un cheval de course mal en point.

Concentrons-nous maintenant non plus sur la manière dont les dirigeants traitent leurs équipes, mais sur la manière dont ils obtiennent de bons résultats. Quelle est votre réputation en matière de résultats ? Pour paraphraser Henry Ford, « Personne n'a jamais bâti sa réputation sur ce qu'il s'est engagé à faire. » Sauf la réputation de ne pas tenir ses promesses. Cela me rappelle un vieux western, où un bandit armé aborde un cow-boy au saloon. Le cow-boy, son verre à la main, se tourne vers le porte-flingue et lui dit : « Tu ne tirerais quand même pas sur un type sans arme, si ? Pense à ce que ça ferait à ta réputation. » Ce à quoi le bandit répond sans hésiter : « Oui, mais c'est justement ma réputation. »

Si vous êtes un leader, vous avez déjà une réputation en matière de résultats. La question est : quel type de réputation ? Les leaders commettent souvent l'erreur de confondre activité et résultats. D'ailleurs, pendant plusieurs décennies, il était de bon ton d'être toujours « occupé ». On avait tendance à confondre « occupé » et « productif ». L'employé toujours occupé était recherché, car il apportait une valeur ajoutée à l'entreprise. Le multitâche était valorisé, souvent considéré comme une véritable compétence.

En 2002, le *Harvard Business Review* a publié « Beware the Busy Manager »[2]. Dans l'article, on y apprenait que les leaders payaient durement le prix d'un excès d'activités. Les auteurs ont constaté que 90 % des managers gaspillaient leur temps, tandis que seulement 10 % étaient vraiment productifs, impliqués et réfléchis.

---

2   « Méfiez-vous des managers trop occupés » (NdT)

Aujourd'hui, dans la majeure partie des cultures d'entreprise, à l'exception peut-être des plus archaïques, on est revenu sur le mythe de l'employé hyperactif, que l'on n'associe plus systématiquement à la productivité. Ce n'est décidément plus à la mode d'être très pris en permanence. FranklinCovey a même produit un film d'animation intitulé *Busy, Busy, Busy*, présenté lors de la formation « Les 7 habitudes pour managers ». Cette métaphore raconte l'histoire d'un groupe de poulets qui courent la tête coupée et s'activent à droite et à gauche – ils sont tellement occupés que toute la production d'œufs s'effondre d'épuisement. De 1997 à 2014, ils auraient pu me donner le rôle principal *et* les rôles secondaires, et l'intituler « Un jour dans la vie de Scott Miller ». Je vous promets que si vous regardez la vidéo, non seulement vous vous sentirez concernés, mais la chanson risque de vous hanter pour toujours. Consultez ManagementMess.com pour un visionnage amusant.

Afin d'obtenir des résultats, les leaders doivent d'abord rejeter la croyance selon laquelle l'activité serait synonyme de résultats. C'est plutôt en conformant leur travail avec la mission et les objectifs de l'entreprise qu'ils obtiennent les *bons* résultats. Ces leaders dirigent leurs équipes avec soin et considération, afin qu'elles obtiennent des résultats de la *bonne* manière. Ils sont attentifs à la santé et au bien-être de leurs co-équipiers afin qu'ils gagnent non seulement la course actuelle, mais aussi les innombrables défis à venir. Qui sait, cela évitera peut-être au PDG d'avoir à prendre du temps sur sa journée chargée et reprendre les rênes, pour rester dans l'univers hippique.

DU CHAOS AU SUCCÈS :
PRODUIRE DES RÉSULTATS

- Avez-vous évalué la pertinence des résultats que vous obtenez par rapport aux attentes de votre chef ? C'est bien joli d'en faire plus en accumulant les projets supplémentaires, mais cela ne doit pas se faire au détriment de vos responsabilités principales ou des objectifs de l'entreprise.

- Prenez l'initiative de consulter votre chef de manière proactive pour vous assurer d'être cohérent et concentré sur les bonnes priorités. Les objectifs changent, et vous n'en êtes pas toujours conscient en temps réel.

- N'hésitez pas à demander une évaluation de vos performances. Ne partez pas du principe que vos résultats parlent d'eux-mêmes. Il vous faudra peut-être les mettre en valeur ou rectifier le tir, en fonction des commentaires reçus.

- Calibrez soigneusement la pression que vous exercez sur vos équipes pour vous assurer d'obtenir des résultats aujourd'hui, de sorte que vous puissiez les obtenir à nouveau demain.

- N'oubliez pas de soutenir vos équipes en fonction des résultats à atteindre, et non de l'activité.

Jour 1	Jour 2	Jour 3	Jour 4	Jour 5
Faire preuve d'humilité	Penser avec abondance	Commencer par écouter	Déclarer ses intentions	Prendre et tenir ses engagements

Jour 6	Jour 7	Jour 8	Jour 9	Jour 10
Incarner sa propre météo	Inspirer la confiance	Créer un équilibre entre vie professionnelle et vie privée	Attribuer les bonnes fonctions aux bonnes personnes	Consacrer du temps aux relations

Jour 11	Jour 12	Jour 13	Jour 14	Jour 15
Revoir ses paradigmes	Affronter les conversations difficiles	Parler avec franchise	Être courageux sans manquer de tact	Faire preuve de loyauté

Jour 16	Jour 17	Jour 18	Jour 19	Jour 20
Favoriser la vérité en toute sécurité	Redresser les torts	Être un coach permanent	Protéger son équipe contre les urgences	Mettre en place des entretiens individuels réguliers

Jour 21	Jour 22	Jour 23	Jour 24	Jour 25
Permettre aux autres d'exercer leur intelligence	Créer une vision	Identifier les objectifs résolument prioritaires	Aligner les mesures sur les objectifs résolument prioritaires	Entretenir des méthodes pertinentes

Jour 26	Jour 27	Jour 28	Jour 29	Jour 30
Produire des résultats	Fêter les victoires	Prendre des décisions de grande valeur	Accompagner le changement	Devenir meilleur

DÉFI 27 :

FÊTER LES
VICTOIRES

**Consacrez-vous autant de temps à fêter
un objectif atteint qu'à le fixer ?**

Récemment, j'ai eu l'idée de fêter une belle victoire d'une belle manière. J'animais une session avec un certain nombre de chefs d'entreprise du monde entier – des personnes *très* accomplies, dont un grand nombre avait déjà connu une carrière de haut vol avant leur partenariat avec FranklinCovey, dont ils représentaient désormais les programmes dans leurs pays respectifs.

Mon objectif était de fêter les succès qu'ils avaient obtenus dans le développement de leur clientèle, tout en profitant de l'occasion pour nous projeter sur le moyen d'étendre leur public cible. En fait, je voulais fêter leurs succès actuels et partager une vision de ce qu'il était possible d'atteindre.

Alors, ai-je prévu un événement avec tenue de soirée et un quintette jouant du Bach ? Non. Du vin et du fromage raffiné ? Non, pas du tout. J'ai demandé au personnel d'apporter trois canons à confettis à cette réunion intimiste, où je partageais des statistiques sur les perspectives de chaque pays : quelques centaines de milliers de clients par-ci, un million par-là, pour un total de vingt-huit millions de clients potentiels dans nos bases de données collectives. C'était un nombre impressionnant, d'autant plus qu'il était très concret. À ma demande, les canons ont été déclenchés. Soudain, vingt-huit millions de confettis ont flotté dans les airs.

Tous ces cadres sur leur trente-et-un se sont levés de leurs sièges, beaucoup ont sorti leurs téléphones pour filmer l'événement, tandis que d'autres se sont mis à danser et à rire dans un esprit festif, au son de la musique en arrière-plan. À un moment donné, j'ai même distribué des

... LE BUDGET NE DOIT **JAMAIS** VOUS RESTREINDRE QUAND IL S'AGIT DE FÊTER VOS VICTOIRES. LES GENS PEUVENT SE RÉJOUIR POUR UN BUFFET OU DES CADEAUX GRATUITS À L'OCCASION D'UN ÉVÉNEMENT FESTIF, MAIS JE VOUS GARANTIS QUE SI VOUS INVESTISSEZ DU TEMPS POUR RECONNAÎTRE LEURS SUCCÈS, VOUS LEUR LAISSEREZ UNE IMPRESSION PLUS GRANDE ET PLUS DURABLE. QU'EST-CE QUI NE VOUS COÛTERAIT RIEN ? CONSACREZ UNE HEURE LA VEILLE À DRESSER UNE LISTE DES CONTRIBUTIONS DE CHACUN À LA GRANDE VICTOIRE QUE VOUS FÊTEZ. D'AILLEURS, JE VOUS ENCOURAGE MÊME À LES APPRENDRE PAR CŒUR. LE JOUR SUIVANT, FAITES LE TOUR DE LA SALLE ET PARTAGEZ-LES, UNE PAR UNE.

parapluies alors que la pluie de confettis continuait. (Toutes mes excuses au personnel de nettoyage de l'hôtel, qui maudit probablement encore mon nom à ce jour.) Pour le plaisir des yeux, consultez www.ManagementMess.com où vous trouverez quelques vidéos de cette fête mémorable.

Mais oui, Scott, c'est très bien quand on a le budget pour les canons et les confettis, pourriez-vous dire, *mais ce n'est pas mon cas.* Je vous entends, mais laissez-moi vous dire une chose importante : le budget ne doit *jamais* vous restreindre quand il s'agit de fêter vos victoires. Les gens peuvent se réjouir pour un buffet ou des cadeaux gratuits à l'occasion d'un événement festif, mais je vous garantis que si vous investissez du temps pour reconnaître leurs succès, vous leur laisserez une impression plus grande et plus durable. Qu'est-ce qui ne vous coûterait rien ? Consacrez une heure la veille à dresser une liste des contributions de chacun à la grande victoire que vous fêtez. D'ailleurs, je vous encourage même à les apprendre par cœur. Le jour suivant, faites le tour de la salle et partagez-les, une par une. Je vous promets que c'est quelque chose que les membres de votre équipe n'oublieront probablement jamais. Je crois tellement en cette pratique que j'ai mémorisé les noms, les visages et l'histoire de tous les participants au dîner de répétition qui a précédé notre mariage. J'ai fait le tour de la salle, nommant chaque personne présente à la réception avec quelques mots pour chacune d'elles et ce qu'elle représentait pour ma fiancée et moi. C'était clairement l'activité la moins coûteuse du mariage (et de loin). Mais mémorable ? Assurément.

En tant que leader, rappelez-vous que les gens aiment les victoires, mais pas les victoires « bidon ». Votre équipe veut travailler pour gagner, certes, mais elle ne veut pas que la ligne d'arrivée soit déplacée ni se tuer à la tâche. Ensuite, elle tient aussi à fêter ses victoires. Qu'est-ce qui pourrait l'empêcher ? D'abord, votre perfectionnisme.

Les perfectionnistes fixent des objectifs si hauts qu'ils en sont presque absurdes et anéantissent la motivation et les espoirs de ceux qu'ils ont enrôlés pour les atteindre. Ils recrutent des personnes compétentes et volontaires pour les suivre dans ce que j'appelle la chasse au dahu. Si vous pensez l'attraper à la fin, vous vous mettez le doigt dans l'œil.

Comme la plupart des gens, j'aspire à une certaine perfection dans ma vie – de la part de mon mécanicien, de mon réparateur d'ascenseur, de mon chirurgien et, en bout de course, de mon embaumeur –, mais ce désir doit être modéré chez les leaders. Si vous êtes perfectionniste, définissez ce que signifie « extraordinaire » pour vous (et non « parfait ») et soyez fier lorsque vous et votre équipe y parvenez. Ce n'est pas parce que vous avez l'impression de ne pas gagner selon une définition impossible du succès que vous ne gagnez pas. Les leaders doivent également résister à l'envie d'attendre la bonne « occasion spéciale » pour faire la fête. À l'époque où les gens regardaient de vrais téléviseurs de plus de cinquante kilos, avec seulement trois chaînes et une antenne de type cintre, *Good Morning America* recevait une invitée récurrente, Erma Bombeck. C'était une épouse, une mère et une journaliste, et surtout, une femme qui parlait d'or. Elle était magique, et aujourd'hui encore, ses livres font partie de mes lectures préférées. (Citons comme incontournables *The Grass Is Always Greener Over the Septic Tank* et *When You Look Like Your Passport Photo, It's Time to Go Home*). L'un des souvenirs les plus marquants laissés par Erma est une anecdote concernant notre tendance à conserver et bichonner sans jamais nous en servir des objets précieux comme la porcelaine fine, certains souvenirs, nos albums photos, etc. Elle admet avec sagesse : « J'aurais dû faire brûler cette belle bougie sculptée en forme de rose avant qu'elle ne fonde d'elle-même au fond du placard. »

Inspiré par Erma, j'ai appris à me servir et à profiter de tout ce que je possède. Par exemple, mon beau-père m'a récemment offert une bouteille de champagne millésimée provenant de la cave familiale. Un mot l'accompagnait, précisant : « À réserver pour un jour très spécial ». La semaine suivante, il a trouvé un acheteur pour une propriété qu'il essayait de vendre depuis longtemps, alors j'ai sabré la bouteille. Bien sûr, mon beau-père a protesté, mais je me fais un plaisir de saisir chaque occasion pour en profiter.

En tant que leader, avez-vous des ressources qui dépérissent sans être utilisées ? Je vous conseille de faire brûler cette bougie en forme de rose. N'attendez pas des « jours très spéciaux » pour fêter les victoires. À l'inverse, ne fêtez pas chaque petit accomplissement, car vous perdrez votre crédibilité et rien ne sera plus digne d'intérêt. Trouvez des raisons légitimes de faire la fête et soyez généreux. Si vous avez un budget consacré aux extras, dépensez-le. Mais surtout, utilisez le temps dont vous disposez pour investir dans les remerciements à votre équipe pour leurs réalisations. Et si vous avez accès à des canons à confettis, cela fait aussi son petit effet.

DU CHAOS AU SUCCÈS :
FÊTER LES VICTOIRES

- Penchez-vous sur la manière dont votre entreprise a l'habitude de fêter ses victoires : Est-ce suffisant ? Pas assez ? Trop ?

- Évaluez la capacité de vos collaborateurs à « gagner ». Vos objectifs sont-ils si élevés qu'ils ont un impact inverse et nuisent au moral des troupes ?

- Planifiez la prochaine fête de votre équipe :

  1. Quelles contributions devraient être reconnues ?

  2. Décrivez ce que vous avez l'intention de dire de chaque membre de l'équipe. Soyez précis.

- Identifiez une récompense appropriée à partager avec la personne ou l'équipe. Adaptez-la aux préférences du destinataire et à l'ampleur du projet.

Jour 1	Jour 2	Jour 3	Jour 4	Jour 5
Faire preuve d'humilité	Penser avec abondance	Commencer par écouter	Déclarer ses intentions	Prendre et tenir ses engagements

Jour 6	Jour 7	Jour 8	Jour 9	Jour 10
Incarner sa propre météo	Inspirer la confiance	Créer un équilibre entre vie professionnelle et vie privée	Attribuer les bonnes fonctions aux bonnes personnes	Consacrer du temps aux relations

Jour 11	Jour 12	Jour 13	Jour 14	Jour 15
Revoir ses paradigmes	Affronter les conversations difficiles	Parler avec franchise	Être courageux sans manquer de tact	Faire preuve de loyauté

Jour 16	Jour 17	Jour 18	Jour 19	Jour 20
Favoriser la vérité en toute sécurité	Redresser les torts	Être un coach permanent	Protéger son équipe contre les urgences	Mettre en place des entretiens individuels réguliers

Jour 21	Jour 22	Jour 23	Jour 24	Jour 25
Permettre aux autres d'exercer leur intelligence	Créer une vision	Identifier les objectifs résolument prioritaires	Aligner les mesures sur les objectifs résolument prioritaires	Entretenir des méthodes pertinentes

Jour 26	Jour 27	Jour 28	Jour 29	Jour 30
Produire des résultats	Fêter les victoires	Prendre des décisions de grande valeur	Accompagner le changement	Devenir meilleur

DÉFI 28 :

PRENDRE DES DÉCISIONS DE GRANDE VALEUR

Consacrez-vous votre temps aux activités
qui auront le plus d'impact sur l'entreprise
et la mission de votre équipe ?

En tant que leader, votre réputation est par définition la somme de vos décisions collectives. En fait, vous êtes payé pour décider, c'est aussi simple que cela. Vous prenez sans doute des centaines de décisions chaque semaine, certaines insignifiantes et d'autres avec un tel impact qu'elles pourraient changer le cours de toute votre entreprise. Les leaders décident :

- qui embaucher et qui licencier,
- ce qui doit être considéré comme une priorité et ce qui doit être relégué au second plan,
- ce qu'il faut encourager et ce qu'il faut ignorer,
- ce qui sera financé et ne le sera pas.

De telles décisions impliquent de lourdes responsabilités. J'ai vu des personnes très compétentes et respectées, avec une éthique de travail admirable et une forte personnalité, prendre des décisions qui ont fait gaspiller des millions de dollars à leur entreprise, entachant ainsi irrémédiablement leur carrière. J'ai moi-même lutté contre ce problème à mes débuts. Je n'ai pas dilapidé des millions de dollars, mais je suis certain que ma réputation en a pris un coup.

Après avoir dirigé avec succès la branche régionale de Chicago et sa grande région, j'ai accepté un poste au siège de l'entreprise, à Salt Lake City. L'avantage lorsqu'on est responsable des ventes, c'est que les retours que l'on obtient sur son travail sont rapides et toujours exacts : soit vous avez atteint votre chiffre, soit vous ne l'avez pas atteint. En arrivant dans mon nouveau bureau de l'Utah, j'avais une attitude hautaine et un ego surgonflé, persuadé que je ne pouvais pas commettre d'erreur. Qui ne serait pas enthousiaste à l'idée de travailler dans un tel chaos managérial, n'est-ce pas ?

Mon nouveau travail consistait à développer la relation client-animateur pour l'entreprise – finies les feuilles de calcul comptabilisant mes recettes. Comme j'étais la première personne à occuper ce poste, il n'y avait jamais eu d'échecs ni de succès avec lesquels me comparer. C'était une opportunité de type « océan bleu » telle que je n'en avais encore jamais connu dans ma carrière. Chaque journée de travail représentait une infinité d'occasions suscitant un nombre incalculable de décisions potentielles. Avec un bureau près de celui du PDG, au bout du couloir, et tout un territoire encore vierge à explorer et à exploiter, cela aurait dû être un but en or, un trou en un, j'aurais dû gonfler mes biceps pour les embrasser avec fierté.

Sauf que rien ne s'est passé comme prévu.

Sans la mesure constante et la tension que représentaient des recettes quantifiables, j'ai eu beaucoup de mal à établir des priorités dans mon emploi du temps. Je me concentrais sur des projets qui me faisaient du bien et validaient mes propres préjugés sur ce qui devait être accompli, mais qui n'avaient pas grande valeur pour l'entreprise. Personne ne dirait que je gaspillais des ressources ni que j'étais à côté de la plaque, d'autant que je travaillais plus dur que jamais. Seulement, le directeur n'aurait certainement pas considéré l'objet de mon travail acharné comme un objectif résolument prioritaire. Sans les bénéfices d'une collaboration mutuelle et solide à laquelle je m'étais habitué à Chicago, j'ai pris de nombreuses décisions seul, et malheureusement, peu d'entre elles étaient de grande valeur.

J'en suis venu à définir les décisions de grande valeur comme les mesures permettant de faire des bonds de géant vers la mission, la vision et les objectifs prioritaires de l'entreprise. Il peut s'agir d'une mesure axée sur les clients, les coûts, la performance, l'innovation... les options sont illimitées. C'est justement là que réside tout le défi. Si vous cherchez à passer du chaos au succès dans ce domaine, évaluez à quoi vous consacrez votre temps, même sur une base quotidienne et horaire. Posez-vous la question suivante : « Ce que je fais maintenant, ou ce que je vais faire ensuite, fait-il progresser notre mission et notre vision, ou nos objectifs résolument prioritaires ? » Dans *Les 5 Choix pour une productivité exceptionnelle*, les auteurs écrivent que les décisions de grande valeur consistent à :

- Travailler sur l'important, pas sur l'urgent – viser l'extraordinaire, pas l'ordinaire.

J'EN SUIS VENU À DÉFINIR LES DÉCISIONS DE GRANDE VALEUR COMME LES MESURES PERMETTANT DE FAIRE DES BONDS DE GÉANT VERS LA MISSION, LA *VISION* ET LES OBJECTIFS PRIORITAIRES DE L'ENTREPRISE. IL PEUT S'AGIR D'UNE MESURE AXÉE SUR LES CLIENTS, LES COÛTS, LA PERFORMANCE, L'INNOVATION... LES OPTIONS SONT ILLIMITÉES. C'EST JUSTEMENT LÀ QUE RÉSIDE TOUT LE DÉFI. SI VOUS CHERCHEZ À PASSER DU CHAOS AU SUCCÈS DANS CE DOMAINE, ÉVALUEZ À QUOI VOUS CONSACREZ VOTRE TEMPS, MÊME SUR UNE BASE QUOTIDIENNE ET HORAIRE. POSEZ-VOUS LA QUESTION SUIVANTE : « CE QUE JE FAIS MAINTENANT, OU CE QUE JE VAIS FAIRE ENSUITE, FAIT-IL PROGRESSER NOTRE MISSION ET NOTRE VISION, OU NOS OBJECTIFS RÉSOLUMENT PROPRIÉTAIRES ? »

- Concentrer son attention sur ce qui le mérite – comment les leaders hiérarchisent et gèrent leur temps.
- Faire preuve d'une énergie soutenue. Les leaders qui s'épuisent et ne renouvellent pas leur énergie n'auront pas la capacité de reconnaître et de mener à bien les décisions de grande valeur.

J'ai par ailleurs constaté que, pour prendre des décisions de grande valeur, il faut d'abord s'accorder le droit de ne pas connaître la réponse. Établissez avec votre chef une confiance telle qu'elle vous permette de lui faire part de la teneur de votre travail et d'obtenir des commentaires sur la façon d'organiser et de prioriser votre temps. J'ai tiré trois « leçons » de mon expérience en matière de décisions de grande valeur :

- Soyez concentré. Quand des choix illimités s'offrent à vous, vous pouvez être tenté d'en accepter certains qui ne répondent pas aux critères de grande valeur. Ce n'est pas parce que je pouvais me rendre dans 190 pays différents que je devais le faire. Avec une meilleure concentration, j'aurais pu faire un meilleur usage de mon temps.
- Ne vous lancez pas tout seul. Si vous êtes coincé, si vous vous sentez dépossédé de vos moyens ou si, tout simplement, vous n'arrivez pas à vous décider entre deux choix intéressants, mais incompatibles, demandez de l'aide. Partagez humblement vos idées avec un leader et faites appel à ses conseils. En demandant : « Comment pourrais-je mieux employer mon temps, mes talents et mon budget ? », vous pourrez obtenir de judicieux avis et une orientation claire.
- Refusez la solution de facilité. Ce n'est pas pour rien que les auteurs des 5 Choix nous encouragent à opter pour l'extraordinaire et non l'ordinaire. En tant que leaders, nous pouvons être tentés de miser sur nos points forts, de trouver le chemin de moindre résistance et d'opter pour les victoires faciles qui nous apporteront reconnaissance et récompense. Mais c'est rarement la voie qui mène à des décisions de grande valeur.

Optez pour quelque chose d'important, mais difficile : soyez exigeant envers vous-même et conservez une énergie et une motivation au top.

J'ai vu aussi de nombreux leaders échouer à prendre des décisions de grande valeur.

Demandez-vous si vous n'êtes pas enclin à l'un ou l'autre de ces agents de chaos :

- Vous avez une personnalité de type « je fonce tout seul ». Par conséquent, vous risquez de ne pas obtenir d'avis extérieur sur le fait que non seulement votre train n'est pas sur les rails, mais qu'il se dirige tout droit vers la rivière.

- Vous êtes tellement enseveli sous vos projets que vous ne voyez plus comment avancer (ni même reconnaître à quel point vous êtes embourbé).

- Vous savez que vous avez besoin d'aide et vous êtes tenté d'impliquer les autres, mais vous n'avez pas l'humilité ni le courage d'engager un collaborateur doté d'une expertise plus approfondie.

- Vous répugnez à résoudre les problèmes gênants qui vous mettent mal à l'aise, comme affronter les conversations difficiles.

- Vous n'avez pas la discipline suffisante pour vous demander : « Que vais-je faire aujourd'hui pour apporter une extraordinaire valeur ajoutée à mon entreprise ? Y a-t-il des choses que je devrais arrêter parce qu'elles entravent ma progression ? »

- Vous vous êtes laissé aspirer dans le vortex des choix illimités.

- Vous avez rempli vos journées de réunions et de communications téléphoniques qui relèveraient de quelqu'un d'autre.

- Vos intentions ne sont pas aussi claires qu'elles le devraient dans l'usage que vous faites de votre temps, votre attention et votre capacité de décision.

Les défis présentés dans ce livre vous offrent un plan d'action, un schéma directeur sur lequel bâtir votre style de leadership unique. En acceptant la responsabilité de prendre des décisions de grande valeur, vous verrez votre apport, votre réputation et votre image de marque exploser.

DU CHAOS AU SUCCÈS :

PRENDRE DES DÉCISIONS DE GRANDE VALEUR

- N'oubliez pas que votre réputation englobe la somme de vos décisions, non seulement dans votre vie professionnelle, mais aussi dans votre vie personnelle. En fait, elle est basée sur votre vie tout entière.

- Utilisez les agents de chaos énumérés ci-dessus comme une évaluation. Sur quoi allez-vous travailler ?

- Visez l'extraordinaire. Les décisions de grande valeur sont rarement fondées sur l'ordinaire.

- Remettez régulièrement en question votre processus décisionnel pour déterminer s'il doit être rehaussé. Ne devriez-vous pas améliorer un peu plus chaque semaine votre capacité à prendre des décisions ? Qu'avez-vous entrepris pour évaluer les résultats de vos décisions précédentes et les surpasser à l'avenir ?

Jour 1 Faire preuve d'humilité	**Jour 2** Penser avec abondance	**Jour 3** Commencer par écouter	**Jour 4** Déclarer ses intentions	**Jour 5** Prendre et tenir ses engagements
Jour 6 Incarner sa propre météo	**Jour 7** Inspirer la confiance	**Jour 8** Créer un équilibre entre vie professionnelle et vie privée	**Jour 9** Attribuer les bonnes fonctions aux bonnes personnes	**Jour 10** Consacrer du temps aux relations
Jour 11 Revoir ses paradigmes	**Jour 12** Affronter les conversations difficiles	**Jour 13** Parler avec franchise	**Jour 14** Être courageux sans manquer de tact	**Jour 15** Faire preuve de loyauté
Jour 16 Favoriser la vérité en toute sécurité	**Jour 17** Redresser les torts	**Jour 18** Être un coach permanent	**Jour 19** Protéger son équipe contre les urgences	**Jour 20** Mettre en place des entretiens individuels réguliers
Jour 21 Permettre aux autres d'exercer leur intelligence	**Jour 22** Créer une vision	**Jour 23** Identifier les objectifs résolument prioritaires	**Jour 24** Aligner les mesures sur les objectifs résolument prioritaires	**Jour 25** Entretenir des méthodes pertinentes
Jour 26 Produire des résultats	**Jour 27** Fêter les victoires	**Jour 28** Prendre des décisions de grande valeur	**Jour 29** Accompagner le changement	**Jour 30** Devenir meilleur

DÉFI 29 :

ACCOMPAGNER LE CHANGEMENT

Lorsqu'il s'agit d'accompagner le changement,
êtes-vous calme, confiant et concentré – ou
anxieux, susceptible et dispersé ?

Les changements surviennent sans cesse sous diverses formes : structures organisationnelles, concurrence du marché, réglementations gouvernementales, lois fiscales, attentes sur le chiffre d'affaires, exigences financières et comptables, initiatives en matière de qualité, imprévus... c'est inéluctable. J'ai décidé d'aborder ce défi sous le prisme particulier des changements relationnels – domaine souvent le plus chaotique et le plus personnel. Accrochez-vous, ça va secouer.

> LE BUT DU LEADERSHIP EST BIEN D'APPORTER DES CHANGEMENTS POSITIFS, N'EST-CE PAS ? C'EST VRAI, PERSONNE NE NOUS PAIE POUR MAINTENIR LE STATU QUO. ET EN MATIÈRE DE MANAGEMENT, LE CHANGEMENT ULTIME N'EST-IL PAS DE VOIR QUELQU'UN QUE VOUS AVEZ ACCOMPAGNÉ ET EN QUI VOUS AVEZ INVESTI CONNAÎTRE LE SUCCÈS ?

Le but du leadership est bien d'apporter des changements positifs, n'est-ce pas ? C'est vrai, personne ne nous paie pour maintenir le statu quo. Et en matière de management, le changement ultime n'est-il pas de voir quelqu'un que vous avez accompagné et en qui vous avez investi connaître le succès ? Mon expérience personnelle à ce sujet indique que oui... enfin, tant qu'il ne me dépasse pas, apparemment. Il semblerait que ce soit ma limite.

C'est sur cette base, notamment, que mon éditeur en est venu à accoler le terme de « chaos » à certains aspects de ma carrière de leader. Ce mot s'est imposé rapidement (peut-être un peu trop à mon goût) alors que de nombreux titres étaient évoqués pour cet ouvrage. L'ironie du sort, c'est qu'au cours de ce parcours parfois chaotique, on m'a toujours reconnu comme une personne qui investit spontanément dans les autres. J'éprouve une grande joie à voir ceux qui m'entourent obtenir des promotions, accroître leurs revenus et leur influence. Je pourrais compter des dizaines de personnes que j'ai eu le privilège de diriger pendant un certain temps et qui ont connu par la suite des carrières florissantes. J'aime à penser que j'ai joué un petit rôle dans l'histoire de leurs succès. Malheureusement, comme je l'ai admis ci-dessus, il y a un bémol à ces félicitations autocentrées : J'aime voir les autres changer et réussir, tant que ce n'est pas plus que moi. Vous serez content d'apprendre que je suis en train de relire le Défi 2 (Penser avec abondance) dans le cadre de mon propre développement professionnel.

Un exemple concret : j'ai un collègue avec qui je travaille depuis plus de quinze ans. J'ai souvent dit à Paul qu'il était le petit frère que je n'avais *jamais* eu, mais que j'avais *toujours* voulu avoir, et que j'étais le grand frère qu'il n'avait *jamais* eu et qu'il n'avait *jamais* voulu avoir. Il a suivi mon parcours de près, occupant même certains postes après que je les avais quittés, améliorant chaque fois mes performances et l'héritage que je laissais derrière moi. Avec du recul, je me sentais à l'aise avec son succès, j'en étais même fier, bien que ses performances à ces postes semblent toujours éclipser les miennes. Je me réjouissais sincèrement de ses victoires, et ce pendant de nombreuses années. C'est un homme intelligent, digne de confiance, travailleur, discipliné, qui a considérablement développé sa maturité et ses compétences. C'était aussi gratifiant pour moi, car lui et d'autres reconnaissaient ce que j'avais investi en lui au fil des ans.

Enfin, c'est arrivé – en toute franchise, je le sentais venir. Le directeur a promu Paul. À un poste supérieur au mien.

Ce n'était qu'une question de temps avant qu'il soit promu, une décision que j'ai moi-même appuyée au sein de l'équipe de direction. Puis la réalité a commencé à s'imposer, et pour des raisons qui ne sont toujours pas claires à mes yeux, j'ai eu du mal à la digérer. (C'est fou comme on peut avoir du mal à accepter le changement sur le plan émotionnel alors qu'il est pourtant parfaitement logique.) Mon défi est permanent, parce que, curieusement, je ne veux pas du poste qu'il a obtenu, je ne suis pas qualifié et cela ne m'intéresse pas. Si je m'interroge sur mes motivations, je sens que ma réaction est due au fait que c'est la première fois dans ma carrière que je vois quelqu'un progresser non seulement jusqu'à mon niveau, mais au-delà. Cela n'a absolument rien à voir avec Paul et tout à voir avec moi. Pour être clair, pour ceux d'entre vous que cet aveu met mal à l'aise (je vous avais prévenus que ça secouerait un peu), je ne doute pas un instant qu'il est la personne idéale pour ce poste. Toute notre entreprise, nos clients et nos actionnaires bénéficieront de sa promotion.

Maintenant que je vous ai fait part de cette réflexion, je suppose qu'une des deux choses suivantes va se produire : un certain pourcentage d'entre vous m'enverra des messages et des tweets de soutien pour me dire combien je suis attachant et ouvert à ma vulnérabilité (succès) ; l'autre pourcentage m'enverra des messages et des tweets virulents pour contester ma capacité à occuper un poste de direction de haut niveau (chaos).

Cela prouve l'adage selon lequel les gens soutiennent le changement tant qu'il va dans leur sens, mais pas dans le cas contraire. En l'occurrence, je le soutiens quand il a un impact sur *vous*, beaucoup moins quand il a un impact sur *moi*.

À l'annonce de la promotion de Paul aux responsables de départements, je n'ai pas pu retenir ma jalousie. Lorsque je suis retourné auprès de ma propre équipe pour en discuter, j'ai feint l'enthousiasme et j'ai rappelé que je soutenais cette décision, avant de m'empresser de préciser que Paul ne serait pas mon supérieur hiérarchique – et qu'il ne le serait probablement jamais. Je leur ai fait part de ma conviction qu'il était fait pour ces fonctions et que j'attendais d'eux qu'ils le soutiennent. Malgré tout, il suffisait d'être doté de la moitié d'un cerveau pour lire dans mes pensées et sentir mes réticences.

C'est pitoyable et, franchement, plutôt inapproprié. J'ai dû paraître minable et ridicule aux yeux de mon équipe.

Un collègue m'a percé à jour. Immédiatement et sans ménagement.

J'ai détourné sa critique avec une indignation classique à la Scott, avant d'évoquer les impacts que pourrait avoir le nouvel organigramme sur l'équipe et comment nous allions nous adapter. Plusieurs membres de mon équipe, et c'est tout à leur honneur, m'ont demandé comment je me sentais par rapport à cette décision. Ils sont même allés jusqu'à soutenir le combat qui s'opérait en moi. (Il faut dire qu'ils étaient encore encouragés par le changement de direction.)

Nous avons tous nos bêtes noires en matière de changement. J'ai ouvertement partagé les miennes (et j'espère que vous avez un bon thérapeute pour partager les vôtres). La vérité, c'est que la plupart des gens pensent que le changement va aggraver leur situation et non l'améliorer. Selon Alan Deutschman dans *Change or Die*, 88 % d'entre nous adoptent une attitude pessimiste face au changement. Dans le programme de FranklinCovey à l'attention des leaders de premier niveau, *Les 6 Pratiques critiques pour diriger une équipe*, les leaders abordent ce dilemme en adoptant d'abord un nouvel état d'esprit – cesser de tenter de contrôler et de contenir le changement pour l'encourager. Avec le recul, c'est facile de voir l'impact négatif que ma peur et mes tentatives de contrôle et de retenue ont eu sur mon image de marque et ma crédibilité, des aspects que j'avais travaillé très dur à bâtir pendant des années.

Ne sous-estimez pas l'impact émotionnel du changement d'organigramme sur votre équipe. En tant que leader, vous avez très certainement participé aux débats internes. Vous connaissez sans doute le contexte de toutes les discussions et les questionnements qui ont abouti à la décision finale. Par conséquent, vous n'avez peut-être pas conscience de la valeur du temps passé à accepter et à comprendre le changement vous-même.

Je vous soumets quelques mesures qui m'ont aidé à accompagner le changement :

- Reconnaissez l'impact du changement sur vous-même. Vous le communiquerez aux autres selon la façon dont vous le vivez et l'appréhendez. Ne négligez pas votre propre besoin de réfléchir au changement et de le comprendre. Vous méritez de passer par ce processus pour faire en sorte de bien communiquer et promouvoir la nouvelle. Vous devrez peut-être vous interroger sur vos propres opinions tout en vous adaptant au changement pour mieux vous l'approprier.

- Posez autant de questions que possible pour vous assurer de savoir présenter le contexte à votre propre équipe. Plus vous en saurez et en comprendrez, mieux vous pourrez les guider dans le processus.

- Identifiez le niveau de transparence. Soyez clair quant à ce que vous divulguez pour faire en sorte que votre équipe s'adapte au changement à la vitesse nécessaire. Parfois, vous n'aurez pas le luxe du temps, et chaque situation peut exiger une approche en fonction. Ce qui est constant, en revanche, c'est que les gens ont souvent du mal à encaisser les nouvelles difficiles. Ce qu'ils ne tolèrent pas, ce sont les mauvaises nouvelles ou l'absence de nouvelles. Faites de votre mieux pour partager ce que vous savez, reconnaissez ce que vous ne savez pas et engagez-vous à tenir tout le monde informé aussi rapidement et régulièrement que possible.

- Décidez quel sera votre style de communication pendant le changement. Vous devrez peut-être tempérer vos propres sentiments contradictoires tout en honorant votre engagement professionnel.

Vous apprendrez à accompagner le changement en mettant un peu d'espace entre la nouvelle que vous recevez (le stimulus) et votre réaction (votre réponse). Vous devrez peut-être mettre vos propres émotions de côté pour le moment, et même les compartimenter, tout en organisant l'accompagnement du changement au sein de votre équipe, sans perdre de vue le bien de l'entreprise. En ce qui me concerne, c'est toujours le chaos dans ce domaine, mais je travaille à la transition vers le succès.

Pour info, Paul, je suis fier de toi.

DU CHAOS AU SUCCÈS :
ACCOMPAGNER LE CHANGEMENT

- Reconnaissez que le changement et la croissance sont difficiles. C'est bien normal d'avoir du mal à s'y faire. Ce n'est pas parce que vous êtes un leader que vous êtes à l'abri de réactions émotionnelles au changement. Accordez-vous un temps d'adaptation. Mais faites preuve de discernement en choisissant de le faire en privé ou en public.

- Faites le distinguo entre l'impact du changement sur vous personnellement et son effet sur l'entreprise. Concentrez-vous sur les points à défendre et à mettre en valeur lorsque vous accompagnerez le changement pour favoriser l'harmonie de tous. Les membres de votre équipe vous observent attentivement et voient l'assurance que vous manifestez et votre maîtrise des émotions. Plus vous serez conscient de cette vérité, mieux vous pourrez leur présenter ce que vous voulez voir chez eux.

- N'oubliez pas de penser avec abondance (Défi 2). Le changement ouvre souvent de nouvelles portes, expériences, opportunités, etc.

Jour 1 Faire preuve d'humilité	**Jour 2** Penser avec abondance	**Jour 3** Commencer par écouter	**Jour 4** Déclarer ses intentions	**Jour 5** Prendre et tenir ses engagements
Jour 6 Incarner sa propre météo	**Jour 7** Inspirer la confiance	**Jour 8** Créer un équilibre entre vie professionnelle et vie privée	**Jour 9** Attribuer les bonnes fonctions aux bonnes personnes	**Jour 10** Consacrer du temps aux relations
Jour 11 Revoir ses paradigmes	**Jour 12** Affronter les conversations difficiles	**Jour 13** Parler avec franchise	**Jour 14** Être courageux sans manquer de tact	**Jour 15** Faire preuve de loyauté
Jour 16 Favoriser la vérité en toute sécurité	**Jour 17** Redresser les torts	**Jour 18** Être un coach permanent	**Jour 19** Protéger son équipe contre les urgences	**Jour 20** Mettre en place des entretiens individuels réguliers
Jour 21 Permettre aux autres d'exercer leur intelligence	**Jour 22** Créer une vision	**Jour 23** Identifier les objectifs résolument prioritaires	**Jour 24** Aligner les mesures sur les objectifs résolument prioritaires	**Jour 25** Entretenir des méthodes pertinentes
Jour 26 Produire des résultats	**Jour 27** Fêter les victoires	**Jour 28** Prendre des décisions de grande valeur	**Jour 29** Accompagner le changement	**Jour 30** Devenir meilleur

DÉFI 30 :

DEVENIR MEILLEUR

Mesurez-vous constamment votre
pertinence et faites-vous progresser vos
compétences et vos capacités ?

Ce défi ne consiste pas à améliorer progressivement votre attitude professionnelle, votre efficacité ou vos compétences. Je vous mets au défi non seulement de doubler vos performances, mais aussi de les quadrupler. À ce moment-là, vous vous démarquerez vraiment, vous assiérez votre pertinence et vous écrirez votre avenir.

Je m'intéresse beaucoup au parcours professionnel des autres. Dans la série « On Leadership » que j'anime, nous invitons des leaders d'opinion renommés, des auteurs à succès et des experts reconnus à participer à une conversation hebdomadaire sur leurs domaines d'excellence. Personnellement, j'apprends tant de choses chaque semaine qu'il m'est impossible de tout retenir. Je pose à chaque invité la même question générale en guise d'introduction, afin de présenter leur parcours : Qu'est-ce qui les a conduits au succès ? Figurez-vous qu'il existe deux points communs à la quasi-totalité de mes invités.

- Une curiosité inébranlable et insatiable pour un sujet particulier.
- La volonté farouche de le maîtriser et de le communiquer mieux que quiconque sur la planète.

Ces experts de la profession et ces leaders d'opinion ont un autre point commun, qu'ils admettent rarement en public : ils se réinventent et se bousculent en permanence. Ils ont une longueur d'avance, anticipent les difficultés et jusqu'à leur propre lassitude sur le sujet qui les occupe.

Malcolm Gladwell, que je n'ai pas (encore) interviewé, ne se repose jamais sur ses lauriers. Ses livres, ses discours et ses articles traitent de sujets plus novateurs les uns que les autres, auxquels je n'aurais jamais pensé à l'associer. Il me surprend constamment par l'évolution de ses centres d'intérêt. Malcolm est un exemple formidable pour nous tous qui essayons de faire la course en tête, de rester pertinents et de devenir indispensables. C'est un défi personnel que j'ai pris à cœur tout au long de ma carrière et que je considère comme une force essentielle – non sans avoir fait quelques faux pas en cours de route. Cela s'est cristallisé pour moi un jour où je discutais avec le célèbre expert en marketing Seth Godin. Il m'a rappelé la différence fondamentale entre tête froide et tête brûlée.

Je crois que tout est dit.

J'ai repris cette comparaison à d'innombrables occasions dans le cadre de nos programmes de leadership. En ce qui me concerne, j'ai passé trop d'années à me croire capable de garder la tête froide en toutes circonstances, alors qu'en réalité, je n'étais qu'une tête brûlée (comme le prouve ce livre). Maintenant, ces différences sont claires comme de l'eau de roche pour moi, et j'ai bien l'intention de garder la tête froide, du moins dans ma carrière. Rien ne m'empêche quelques folies en privé !

Être une tête brûlée, c'est prendre des mesures qui risquent de nuire irré-médiablement à votre image de marque, à votre réputation, ou même à l'estime de soi et aux sentiments de quelqu'un d'autre. En revanche, garder la tête froide, c'est prendre des risques réfléchis dont le bénéfice peut être important, mais dont les coûts en cas d'échec sont supportables et ne concerneront probable-ment que vous. Quitter son emploi pour écrire le prochain best-seller sans agent, éditeur ni compte d'épargne, c'est agir en tête brûlée. Prendre le téléphone pour présenter votre idée à tous les éditeurs qui décrocheront, et renforcer votre détermination devant la naïveté de ces imbéciles qui vous rejettent, c'est une façon de garder la tête froide (demandez à J. K. Rowling).

Bien sûr, il m'arrive de perdre mon sang-froid – ne comptez pas sur moi pour rester de marbre avant un saut en parachute ou à l'élastique, ou une expédition de plongée sous-marine. Mais d'un point de vue professionnel, j'ai la tête assez froide pour tout affronter, ce qui s'est avéré extrêmement utile. Que les choses soient claires, je ne me lance pas sans préparation ni conscience des risques. Je connais mes forces et je sais jusqu'où je peux les pousser. Généralement, cela va au-delà de ma zone de confort ou de ce que les autres me croient capable de faire. Je me lance et je me donne à fond pour gagner. Je recrute autant de personnes compétentes que nécessaire pour me rejoindre dans l'aventure. Je pense que ce dynamisme et cette volonté de me mettre sur la sellette ont été très bénéfiques pour ma carrière. Pour être honnête, j'ai aussi appris à distinguer les personnes dont l'avis m'importait et les autres. Bien sûr, certains ne m'apprécient pas spécialement. Franchement, je ne pense même pas à eux. Ce dont j'ai besoin, ce sont les avis et les conseils de ceux dont je ne doute pas et qui ont mes intérêts à cœur.

Quel est le but de tout ce laïus sur la différence entre tête brûlée et tête froide ? Je vous encourage vivement à œuvrer sans relâche, froidement et avec méthode, à votre évolution professionnelle et votre formation continue. Faites des bonds de géant. Quels seraient les conseils traditionnels à cet égard ? Écouter des podcasts, assister à des colloques professionnels, lire des ouvrages universitaires, regarder des conférences TED, j'en passe et des meilleures... Pitié !

Prenez des risques. Produisez votre propre podcast ; invitez un conférencier dans votre propre entreprise ; écrivez votre propre article ; arrêtez de regarder les conférences TED et enregistrez plutôt les vôtres. Lancez-vous et donnez une image différente de vous grâce à de nouvelles compétences en accord avec vos nouvelles ambitions.

C'est dans *La Vitesse de la confiance* que vous trouverez les meilleures pistes d'amélioration. Quelques conseils pour vous améliorer :

- Engagez-vous à vous améliorer en permanence. Si vous n'avez pas pris la décision consciente de produire un effort d'amélioration dans un domaine spécifique, vous vous satisferez du statu quo. Ce livre vous propose trente défis pour cela – au lieu de poser le livre après l'avoir terminé, prévoyez des défis spécifiques dans votre calendrier.

- Augmentez vos capacités. Tant que nous ne vivrons pas dans un avenir utopique où nous pourrons brancher notre esprit (et nos biceps) sur une machine et les développer comme par magie, la seule façon de progresser, c'est de nous surpasser, d'entreprendre des choses difficiles, d'échouer, d'apprendre, de grandir, de réussir et de recommencer.

- Soyez un apprenant constant. Si vous lisez ce livre, cela prouve que vous avez la volonté d'apprendre et de vous réinventer. Continuez sur cette voie ! Ne partez jamais du principe que les connaissances et les compétences dont vous disposez aujourd'hui seront suffisantes pour relever les défis de demain.

- Développez des systèmes d'avis et de conseils. Croyez-le ou non, sans regard extérieur, nos efforts bien intentionnés pour nous améliorer peuvent stagner et même se retourner contre nous. Comment savoir si l'on fait des progrès dans des domaines importants et si l'on est sur le bon chemin ? Mettez des mécanismes en place pour obtenir des retours et faites en sorte que les autres puissent vous dire la vérité sans crainte (voir Défi 16).

- Agissez en fonction des commentaires que vous recevez. De nombreux défis de ce livre vous aideront à recueillir des avis extérieurs, comme le Défi 5 : Prendre et tenir ses engagements. Traduisez ces commentaires en comportements spécifiques que votre équipe peut vous voir adopter.

Une dernière réflexion sur la question des retours : Je ne m'intéresse pas aux opinions de tout le monde. Et je ne pense pas que ce soit bon. En cherchant à vous améliorer, vous vous mettez aussi en danger. Le monde regorge de détracteurs, de pessimistes, de critiques et de ronchons qui se contentent de rester sur la touche. Je terminerai donc par une citation du livre *Rising Strong* de Brené Brown. Je m'en inspire au quotidien. C'est mon nouveau mantra pour renforcer mes compétences, prendre des risques, apprendre, essayer, échouer et recommencer, en un mot, devenir meilleur :

« Beaucoup de sièges bas de gamme dans l'arène sont occupés par des gens qui ne s'aventurent jamais sur le terrain. Ils se contentent de vociférer leurs critiques malveillantes et leurs injures à distance raisonnable. Le problème, c'est que lorsque nous cessons de nous préoccuper de ce que pensent les gens et cessons d'être sensibles à la cruauté, nous perdons notre aptitude aux relations. Mais lorsque nous nous laissons définir par ce que les gens pensent, alors nous perdons le courage d'être vulnérables. Par conséquent, nous devons être sélectifs quant aux commentaires que nous laissons entrer dans nos vies.

En ce qui me concerne, si vous n'êtes pas dans l'arène à vous faire botter le train, votre avis ne m'intéresse pas. »

Alors lancez-vous, descendez dans l'arène du leadership et mettez ces trente défis en pratique. Quand vous vous rendrez compte, inévitablement, que vous vous faites botter le train, gardez à l'esprit les chaos et les succès que j'ai rencontrés (ou causés) au fil des ans. Et sachez que chaque coup de pied bien assené a entraîné une prise de conscience, une correction de trajectoire, une révélation relationnelle, l'envie de me ressaisir, de m'engager à nouveau et de m'améliorer. Je vous invite à me rejoindre sur le terrain, à ne pas vous laisser décourager par les bosses et les bleus accumulés en cours de route, et à vous engager dans cette noble aventure qui changera votre vie et peut-être même le monde : être un leader.

DU CHAOS AU SUCCÈS :
DEVENIR MEILLEUR

- Attribuez à chacun des trente défis un jour sur votre calendrier. Classez-les par ordre de priorité en fonction de ce qui vous sera le plus profitable, selon vous et ce qu'en dit votre entourage.

- Identifiez les défis sur lesquels votre confiance est forte et félicitez-vous. Soyez-en fier ! Posez-vous la question suivante : « Puisqu'il s'agit de l'un de mes points forts, est-ce qu'avec quelques ajustements, je pourrais en faire mon atout majeur ? »

- Vous avez suffisamment matière à travailler à ce stade. Je ne vais pas vous donner plus de conseils. Allez boire une bière et réfléchissez à ce qui vous attend dans votre parcours de leader.

DU CHAOS AU SUCCÈS :
DEVENIR MEILLEUR – BONUS

(L'instant auto-promo de Scott : liste d'activités gratuites)

En tant que vice-président exécutif de « Leadership éclairé » chez FranklinCovey, j'ai le privilège d'être impliqué dans trois initiatives différentes de développement du leadership. Primo, un conseil sur le leadership de moins d'une minute, tous les jours de la semaine, fruit de plus de vingt-cinq ans de métier. Vous pouvez le retrouver sur mes réseaux sociaux :

- Facebook : https://www.facebook.com/ScottMillerFC/
- Twitter : https://twitter.com/ScottMillerFC
- LinkedIn : https://www.linkedin.com/in/scottmillerfc/
- Instagram : https://www.instagram.com/scottmillerfc/

Secundo, j'anime une émission de radio hebdomadaire sur iHeartRadio intitulée « Great Life, Great Career With Scott Miller ». Ces interviews d'une heure proposent des conseils pratiques de leadership donnés par divers auteurs à succès, des pontes du métier et des personnes ordinaires comme vous et moi qui ont des histoires et des expériences incroyables à partager. Rejoignez-moi ici :

- https://www.iheart.com/podcast/420-great-life-great-career-sc-30164198/episodes/
- https://itunes.apple.com/us/podcast/great-life-great- career/id1438915013?mt=2
- https://www.stitcher.com/podcast/franklincovey/great-life-great-career
- https://resources.franklincovey.com/greatlifegreatcareer
- https://soundcloud.com/great-life-great-career

Tertio, j'ai l'honneur d'animer un programme pour FranklinCovey intitulé « On Leadership With Scott Miller ». Cette newsletter hebdomadaire propose des entretiens passionnants avec des auteurs de best-sellers, des sommités reconnues, des conférenciers et des personnalités publiques. Nous discutons de leurs points de vue uniques sur le leadership. Ce qui fait la force de « On Leadership With Scott Miller », c'est qu'il s'agit désormais de la newsletter hebdomadaire consacrée au développement du leadership qui connaît la plus forte croissance au monde. Proposée gratuitement par FranklinCovey, elle se compose de l'interview phare, d'un article de blog et d'un outil téléchargeable qui vous aidera, vous et les membres de votre équipe, à mettre immédiatement en œuvre les idées abordées. Je vous invite à vous y abonner à l'adresse suivante : http://resources.franklincovey.com/on-leadership

UN DERNIER MOT :

ET LA PERSONNALITÉ DANS TOUT ÇA ?

Vous devez vous demander pourquoi certaines compétences de leadership qui vous passionnent, ou que FranklinCovey enseigne, ne sont pas abordées dans ce livre. Lorsque mes collègues et moi avons travaillé sur la liste, nous en avons écarté des dizaines, notamment pour que les défis restent d'un volume raisonnable (je sais, vous vous dites : *Trente défis, ça te semble raisonnable ?*). Ce livre serait vite devenu écrasant si nous avions ajouté tous les principes de leadership, toutes les compétences et tous les défis auxquels vous serez confronté au cours de votre carrière. Comme vous pouvez le constater, je préfère quand c'est digeste. De petites idées concrètes dont je peux me souvenir et que je peux essayer d'intégrer immédiatement dans ma vie.

Il y a un défi fondamental, plus critique que les autres, qui n'est pas inclus ici : la personnalité. Pour les lecteurs qui connaissent la tradition et la réputation de FranklinCovey, nos autres livres, nos programmes et notre approche globale de l'efficacité, vous savez que la valorisation à la fois de votre personnalité et de vos compétences est au centre de nos valeurs et de nos enseignements. Ce livre est principalement axé sur vos compétences : vos valeurs, vos actions et même vos réactions. Il est principalement consacré aux comportements, dont je ne doute pas que vous avez déjà prévu de travailler certains après avoir été interpellé par un défi en particulier.

Je n'ai pas intentionnellement écarté la notion de personnalité. Comme le dit Joel Peterson, professeur à la Stanford Graduate School of Business et président de JetBlue Airways : « La personnalité est votre billet pour le match. » Votre personnalité représente vos fondations. C'est la base de ce que vous êtes dans tous les aspects de votre vie, en tant que leader, parent, conjoint, ami, partenaire ou collègue.

Regardez les leaders et les enseignants qui ont un impact majeur dans nos vies. C'est généralement leur personnalité qui conforte leur réputation ou au contraire la démolit. Chaque jour, nous rencontrons de nouveaux exemples de personnes que nous pourrions suivre, admirer et respecter, mais qui sapent leur propre influence et leurs apports potentiels par les lacunes de leur personnalité. Des décennies pour tout construire, quelques minutes pour tout détruire.

Ce n'est pas parce que la question de la personnalité n'est pas abordée dans ce livre qu'elle n'a aucune importance. Il n'y a aucun lien de cause à effet. Que les choses soient claires, aucun de ces défis de leadership n'a d'importance si vous échouez sur celui de la personnalité. D'ailleurs, ils vous sont essentiellement présentés comme des écueils, des problèmes auxquels vous êtes confrontés à chaque instant. La plupart sont des problèmes précis et concrets qui mettent à l'épreuve ou affirment votre personnalité. Ces défis-là sont (ou devraient être) les plus faciles. Les aspects visibles par votre entourage sont assez aisément rectifiables. Ce sont les autres, les éléments plus subtils qui peuvent vous sembler petits ou insignifiants sur le moment, qui sont excessivement précieux dans le renforcement de votre personnalité. Les détails cachés. Les comportements que personne ne voit et ne verra peut-être jamais. En fait, la plupart du temps, une seule personne s'en apercevra. Vous-même.

ÊTRE UN LEADER POUR SOI-MÊME

1. Faire preuve d'humilité – *Diriger à la vitesse de la confiance*

2. Penser avec abondance – *Les 7 Habitudes des gens très efficaces*

3. Commencer par écouter – *Les 7 Habitudes des gens très efficaces, La Vitesse de la confiance*

4. Déclarer ses intentions – *Diriger à la vitesse de la confiance*

5. Prendre et tenir ses engagements – *La Vitesse de la confiance, fondements*

6. Incarner sa propre météo – *Les 7 Habitudes des gens très efficaces*

7. Inspirer la confiance – *Diriger à la vitesse de la confiance*

8. Créer un équilibre entre vie professionnelle et vie privée – *Les 5 Choix pour une productivité exceptionnelle*

ÊTRE UN LEADER POUR LES AUTRES

9. Attribuer les bonnes fonctions aux bonnes personnes – *Les 4 Rôles essentiels du leadership*

10. Consacrer du temps aux relations – *Les 4 Rôles essentiels du leadership*

11. Revoir ses paradigmes – *Les 7 Habitudes des gens très efficaces*

12. Affronter les conversations difficiles – *Les 4 Rôles essentiels du leadership*

13. Parler avec franchise – *Diriger à la vitesse de la confiance*

14. Être courageux sans manquer de tact – *Les 7 Habitudes des gens très efficaces*

15. Faire preuve de loyauté – *Diriger à la vitesse de la confiance, fondements*

16. Favoriser la vérité en toute sécurité – *Devenez meilleur : 15 Habitudes pour construire des relations efficaces au travail*

17. Redresser les torts – *Diriger à la vitesse de la confiance*

18. Être un coach permanent – *Les 4 Rôles essentiels du leadership*

19. Protéger son équipe contre les urgences – *Les 5 Choix pour une productivité exceptionnelle*

20. Mettre en place des entretiens individuels réguliers – *Les 6 Pratiques critiques pour diriger une équipe*

21. Permettre aux autres d'exercer leur intelligence – *Les 4 Rôles essentiels du leadership*

OBTENIR DES RÉSULTATS

REMERCIEMENTS

Presque un an jour pour jour avant la naissance de ce livre, une équipe de collaborateurs talentueux de chez FranklinCovey s'est réunie pour recueillir toute une collection de défis à partir des nombreuses solutions de leadership proposées à nos clients.

Pendant plusieurs semaines, cette équipe, dirigée par mon collègue et ami James, s'est réunie, a réfléchi, débattu et argumenté (mon moment préféré) avant de choisir trente défis que nous avons ensuite utilisés pour créer un jeu de cartes. Nous avons offert ces cartes aux animateurs certifiés de nos clients, dans le cadre d'une campagne visant à renforcer et à entretenir leurs compétences en matière de leadership. La réaction a été phénoménale : les commandes de jeux de cartes supplémentaires pour des collègues, des amis et des proches ont afflué. Cet intérêt a fait naître en moi l'idée de pousser le jeu un peu plus loin en parlant franchement de mon propre parcours de leadership jonché d'innombrables nids de poule.

Ce groupe initial de personnes brillantes comprenait James (Jimmy) McDermott, Megan Thompson, Matt Murdoch, Leigh Stevens, Sue Dathe-Douglass et Michael Elwell. À chacun d'entre vous, merci d'avoir soutenu avec enthousiasme mes efforts pour faire de vos idées de leadership ma propre thérapie professionnelle.

Bob Whitman, PDG de FranklinCovey, m'a aidé à sélectionner, trier et organiser cette liste de trente défis. Il me soutient dans toutes mes initiatives et il a cru en ce livre depuis le début. Merci, Bob, pour la confiance que vous me témoignez. Il n'y a pas de meilleur sentiment professionnel que de savoir que votre chef vous soutient. Bob me soutient toujours.

Todd Davis, directeur des ressources humaines chez FranklinCovey et mon Jiminy Cricket personnel, a joué un rôle déterminant en m'aidant à sélectionner les défis sans verser dans un trop-plein d'informations. Todd m'a gentiment rappelé que ce livre ne devait pas tenir lieu de confessionnal – vous savez, cette petite pièce avec un panneau de séparation que je suis censé visiter régulièrement en tant que catholique. Todd est la définition même de l'amitié. C'est ce genre d'homme que l'on rencontre rarement dans une vie et que plusieurs centaines de personnes considèrent comme leur meilleur ami. Todd est un vrai de vrai. Si vous n'avez pas lu son best-seller, *Devenez meilleur : 15 Habitudes pour construire des relations efficaces au travail*, n'hésitez pas. C'est un guide formidable vers le plus important dans la vie. Sachez aussi que Todd donne des discours exceptionnels si vous en avez besoin (et seulement, bien sûr, si je ne suis pas disponible).

À mes amis de chez Mango Media, l'éditeur et président Chris McKenney, et ma chère amie Michelle Lewy, merci à vous pour vos encouragements et votre confiance. Vous avez tous deux cru en moi dès notre première rencontre et je promets de ne pas vous oublier quand je serai célèbre – ou fauché, au choix. À toi aussi, Scott McKenney : lors de notre déjeuner à Ortanique, c'est toi en particulier qui m'as donné le coup de pouce nécessaire. Je n'étais pas sûr de pouvoir terminer ce livre, mais tu m'as regonflé à bloc. Quand tu t'es penché par-dessus la table en insistant pour que je partage mes histoires de leadership, cela a été un véritable tournant pour moi. Lorsqu'un sage vous dit quelque chose, il faudrait être idiot pour ne pas le faire. Merci, Scott.

Merci, MJ Fievre. MJ est surnommée (par moi, et pour des raisons évidentes) le « Marteau de Velours » de Miami. Quand MJ parle, tout le monde autour d'elle se tait pour l'écouter. Dans les années 80, MJ, on appelait ça l'effet E.F. Hutton. (Tu es trop jeune pour t'en souvenir, alors cherche sur Google.) MJ m'a appris à faire une distinction importante : quand les gens intelligents parlent et quand les gens sages transmettent. MJ est sage et elle transmet. Elle est attentionnée, aussi. Le monde a besoin de plus de MJ. Quel plus beau compliment pourrait-on te faire ? Par contre, c'est quoi cette fixette sur Disney World ? Ma belle, il faudrait te trouver un nouveau passe-temps !

À Mitchell Kaplan, propriétaire d'un haut lieu de la littérature, l'emblématique Books and Books à Coral Gables, en Floride. Chapeau, mon vieux ! Tu es un bûcheur acharné et j'aimerais plus te ressembler. Je suis captivé par tant d'aspects de ta vie. Tu es à la fois enseignant, coach et mentor, tu es un entrepreneur qui prend des risques et un champion des arts et de la littérature. Tu es designer, conservateur, mari, père de famille et formidable ami. Mais par-dessus tout, je suis inspiré par ton abondance inébranlable. Ta bienveillance, ta générosité et ta confiance dans les autres (moi) sont contagieuses. Chaque fois que je te quitte, j'ai envie d'être plus gentil et plus utile aux autres. Continue à répandre ton amour, Mitchell. Tu es ce que le docteur Stephen R. Covey appelle un leader-serviteur. Ce sont des gens comme toi que mon autre héros personnel, George H. W. Bush, appelait « mille points de lumière ». Et pour ceux d'entre vous qui ont été déroutés par ce terme, cherchez Mitchell Kaplan sur Google. Il incarne ce que le président Bush (41e) voulait vraiment dire.

Un grand merci à l'équipe de FranklinCovey chargée du leadership éclairé : Annie Oswald, Zach Kristensen, Drew Young, Deb Lund et Travis Rust. À tous ces fous rires en cours de route ! N'oubliez pas : ce qui est dit dans cette salle doit rester dans cette salle. S'il vous plaît.

À notre publicitaire, Ashley Sandberg : J'apprécie ton amitié et ton coaching. Tu es intelligente et sage. C'est le compliment ultime. Et ma femme t'apprécie, ce qui est rare. Tu connais tout le monde, et tout le monde t'adore et te respecte. Et c'est une bonne chose... (petite blague).

Chaque structure importante a ses architectes. Ils travaillent discrètement, en coulisses, pour créer une beauté sublime qui se dévoile sous les acclamations du public. Pour les bâtiments de renom, nous connaissons bien leurs noms : I. M. Pei, Phillip Johnson et Daniel Libeskind (même si j'imagine que 99 % des personnes qui se prennent en selfie devant la pyramide du Louvre ne sauraient pas vous dire qui est I. M. Pei ni en quoi il a contribué à ce chef-d'œuvre).

Soyons clairs : *Management, du chaos au succès* n'est pas une pyramide de verre. Mais ce livre a pourtant un architecte discret, qui travaillait dans les coulisses, réparait les défauts de structure, aplanissait les angles irréguliers et faisait accoucher l'auteur (moi) de ses idées et de ses leçons profondes. Platte Clark est mon architecte. Je te suis reconnaissant, Platte, pour le plaisir et la persévérance dont tu as fait preuve, sans compter l'amour que tu m'as témoigné au cours de cette aventure. Tu as été indispensable pour donner vie à ce projet. J'ai hâte de continuer à travailler avec toi sur les prochains manuscrits, si tu veux bien de moi.

De nombreux amis ont lu mes brouillons à divers stades. Certains d'entre vous, en particulier, m'ont soutenu, et je n'oublierai jamais vos encouragements : Nancy Moore, Pat Lucas, Jennifer Stenlake, Claire Chitwood, Gary Judd, Juliet Dixon, Kim McNally, et Valerie et Barry Boone. Beaucoup d'autres m'ont fait part d'innombrables notes et suggestions, et à chacun d'entre vous, je tiens humblement à exprimer toute ma gratitude.

Ah oui, encore quelques noms : Jon Lofgren, qui dirige l'équipe de stratégie et réseaux sociaux chez FranklinCovey et qui m'a donné l'impulsion initiale pour commencer à écrire. Merci, Jon, pour ce coup de pouce. Et à Chuck Farnsworth, le cow-boy qui n'a jamais cessé de croire en mon potentiel et qui continue d'être mon plus grand fan.

Ma femme a souffert (ce n'est pas une métaphore) de nombreuses lectures forcées et elle s'est assurée que les histoires mentionnées étaient véridiques. Elle est convaincue que ce livre mettra fin à ma carrière et que je ne retrouverai jamais plus de vrai travail. Je crains (ou espère) qu'elle ait raison. Eh, Stephanie, ce sera peut-être notre nouveau métier, pourquoi pas ? Parler à des leaders sans filtre qui aspirent à faire la différence, mais qui ont besoin de conseils. Si vous êtes l'un de ces leaders, envoyez-moi un e-mail à scott.miller@franklincovey. com. Je serais honoré de parler à votre équipe du chaos dans le leadership et de les guider vers le succès.

Scott

NOTES ET RÉFÉRENCES

PARTIE 1 : ÊTRE UN LEADER POUR SOI-MÊME

p. 19 **Citation de Todd Davis** : Todd Davis, *Get Better* (New York : Simon & Schuster, 2017).

p. 19 **Citation de Stephen R. Covey** : Stephen R. Covey, *The 7 Habits of Highly Effective People* (New York : Simon & Schuster, 2013).

p. 31 **Son livre phare, *You Just Don't Understand*, a figuré en première place du classement de best-sellers du *New York Times* pendant huit mois consécutifs** : Deborah Tannen, *You Just Don't Understand* (New York : William Morrow & Co, 1990).

p. 40 **Citation de Stephen M. R. Covey** : Stephen M. R. Covey et Rebecca R. Merrill, *The Speed of Trust* (New York : Simon & Schuster, 2018).

p. 42 **Citation de Blaine Lee** : Blaine Lee, *The Power Principle : Influence with Honor* (New York : Simon & Schuster, 1997)

p. 48 **Citation de Roger Merrill** : Stephen R. Covey, A. Roger Merrill, et Rebecca R. Merrill, *First Things First* (New York : Simon & Schuster, 1994).

p. 68 **24 % des Américains ont déclaré ne pas avoir pris de vacances depuis plus d'un an, et 52 % déclarent avoir accumulé des jours de congés qu'ils n'ont toujours pas utilisés (fin 2017)** : « Time Off and Vacation Usage ». U.S. Travel Association. https://bit.ly/2JOrOrd

PARTIE 2 : ÊTRE UN LEADER POUR LES AUTRES

p. 79 **Citation de Jim Collins** : Jim Collins, *Good to Great* (New York : Random House Business, 2001).

p. 86 **Citation de Stephen R. Covey** : Stephen R. Covey, *The 7 Habits of Highly Effective People* (New York : Simon & Schuster, 2013).

p. 108 **Des chercheurs ont découvert que mentir pour « aider » une autre personne est presque toujours perçu comme positif, tandis que le mensonge qui n'a aucun effet sur l'autre, ou pire, qui lui cause du tort, est perçu comme négatif** : Business Ethics Research Video North America. « Is Every Lie 'a Sin'? Maybe Not. » Knowledge@Wharton, 17 septembre 2014. https://whr.tn/1qLGRBw

p. 108 **Citation de Stephen M. R. Covey** : Stephen M. R. Covey et Rebecca R. Merrill, *The Speed of Trust* (New York : Simon & Schuster, 2018).

p. 119 **Citation de Stephen R. Covey** : Stephen R. Covey, *The 7 Habits of Highly Effective People* (New York : Simon & Schuster, 2013).

p. 119 **Citation de Stephen M. R. Covey** : à partir de 13 Behaviors® of High-Trust Leaders

p. 126 **Sans l'assurance d'une certaine sécurité, notre vieux cerveau reptilien augmente notre sens du risque** : Russell C. Smith et Michael Fister, « Lies, Truth, and Compromises : Are We Hardwired to Lie ? » *Psychology Today*, 15 juin 2014. https://bit. ly/2uAU06o

p. 132 **Ironiquement, les excuses conduisent à une meilleure estime de soi et une meilleure intégrité personnelle** : Tyler G. Okimoto, Michael Wenzel et Kyli Hedrick, « Refusing to Apologize Can Have Psychological Benefits (and We Issue No Mea Culpa for This Research Finding) », *The Canadian Journal of Chemical Engineering*, 4 novembre 2012. https://bit. ly/2Yv8vpx

p. 139 **Elisabeth Kubler-Ross a décrit les cinq étapes du deuil** : Elisabeth Kubler-Ross, *On Death and Dying* (New York : Scribner, 1997).

p. 144 **Je n'étais pas doué pour protéger mon équipe contre les urgences** : Kory Kogon, Adam Merrill et Leena Rinne, *The 5 Choices: The Path to Extraordinary Productivity* (New York : Simon & Schuster, 2015).

p. 153 **Nous consacrons un chapitre entier aux réunions individuelles efficaces** : Scott Miller, Todd Davis et Victoria Roos-Olsson, *Everyone Deserves a Great Manager: The 6 Critical Practices for Leading a Team* (New York : Simon and Schuster, 2019).

p. 158 **Liz Wiseman invite les leaders à se poser plusieurs questions-clés** : Liz Wiseman, *Les Multiplicateurs : Comment les meilleurs leaders font ressortir le génie en chacun* (New York : HarperBusiness, 2017).

PARTIE 3 : OBTENIR DES RÉSULTATS

p. 175 **Citation de Chris McChesney, Sean Covey et Jim Huling** : Chris McChesney, Sean Covey et Jim Huling, *The 4 Disciplines of Execution* (New York : Free Press, 2012).

p. 193 **L'auteur faisait référence à la course de 2015 au cours de laquelle Mike Smith a arrêté Shared Belief à mi-chemin de la Charles Town Classic dont les enjeux s'élevaient à 1,5 million de dollars** : Richard Mauntah, « Jockey's Decision Likely Saves Horse from Injury », *Toronto Sun*, 20 avril 2015. https://bit.ly/2Yz8rWH

p. 193 **Les auteurs ont constaté que 90 % des managers gaspillaient leur temps, tandis que seulement 10 % étaient vraiment productifs, impliqués et réfléchis** : Heike Bruch et Sumantra Ghoshal, « Beware the Busy Manager », *Harvard Business Review*, 18 novembre 2014. https://bit.ly/2CM9ER3

p. 200 **Citation d'Erma Bombeck** : Erma Bombeck, *Eat Less Cottage Cheese and More Ice Cream: Thoughts on Life from Erma Bombeck* (Kansas City : Andrews McMeel Publishing, 2003).

p. 214 **88 % d'entre nous adoptent une attitude pessimiste face au changement** : Alan Deutschman, *Change or Die : The Three Keys to Change at Work and in Life* (New York : Harper, 2008).

p. 222 **Citation de Brené Brown** : Brené Brown, *Rising Strong : The Reckoning, The Rumble, The Revolution* (New York : Spiegel & Grau, 2015).

SCOTT JEFFREY MILLER

À l'aube de sa vingt-troisième année chez FranklinCovey, Scott Miller occupe le poste de vice-président exécutif du Leadership éclairé. Il anime l'émission « On Leadership With Scott Miller », sponsorisée par FranklinCovey, un webcast, un podcast et une newsletter hebdomadaires sur le leadership, proposant des entretiens avec des pontes du monde des affaires, des auteurs et des leaders d'opinion renommés. Ces contenus sont distribués à plus de cinq millions de chefs d'entreprise dans le monde. Il présente également l'émission de radio hebdomadaire « Great Life, Great Career With Scott Miller » sur KNRS 105.9, iHeartMedia. Cette émission de radio doublée d'un podcast propose des idées et des stratégies issues des principes de leadership de FranklinCovey et de l'expérience professionnelle et personnelle de Miller, pour aider les auditeurs à devenir plus efficaces en tant que chefs d'entreprise et à améliorer leurs performances individuelles. Par ailleurs, Miller est l'auteur d'une chronique hebdomadaire sur le leadership pour le magazine *Inc. Magazine*.

Miller dirige la stratégie, le développement et la publication des best-sellers de FranklinCovey, ainsi que le leadership éclairé promu par leurs contenus et leurs programmes et solutions de renommée mondiale. Il est l'auteur pour FranklinCovey de *Management : du chaos au succès, 30 défis pour devenir le leader que vous aimeriez suivre* (Mango Media). Il est également co-auteur de *Tout le monde mérite un excellent manager - 6 pratiques essentielles pour diriger une équipe*, publié en octobre 2019 (Simon & Schuster).

À ses anciennes fonctions de vice-président exécutif du développement commercial et de directeur du marketing, Scott a orchestré la transformation mondiale de la marque FranklinCovey. Avant cela, en tant que directeur général des services de relation clientèle, Miller a travaillé avec des milliers de clients et conseillers, dans de nombreux secteurs et plus de trente pays. Il a donné des discours devant des centaines de publics différents dans tous les secteurs d'activité. Il aime partager son parcours unique de leader sans filtre qui s'épanouit dans cette culture d'entreprise actuelle, où les filtres sont monnaie courante.

Miller a intégré le Covey Leadership Center en 1996 en tant que partenaire client du département Éducation, concentré sur les écoles K-12 et l'enseignement supérieur. Il a également été directeur général pendant six ans de la Région Centrale de FranklinCovey à Chicago.

Miller a débuté sa carrière professionnelle en 1992 à la Disney Development Company (le service de promotion immobilière de la Walt Disney Company) en tant que membre fondateur de l'équipe de développement ayant conçu la ville de Celebration, en Floride.

Miller et sa femme vivent à Salt Lake City, dans l'Utah, avec leurs trois fils.

Le All Access Pass FranklinCovey fournit un accès illimité à nos contenus et solutions haut de gamme, qui vous permet de viser plus loin, d'atteindre vos objectifs professionnels et d'influencer de manière durable les performances de toute votre organisation.

EN TANT QUE DÉTENTEUR DU PASS, VOUS POURREZ :

- Accéder au contenu de classe mondiale de FranklinCovey, quand et où vous le souhaitez, dont *Les 7 Habitudes des gens très efficaces*® : *édition signature 4.0*, *Diriger à la vitesse de la confiance*® et *Les 5 Choix pour une productivité exceptionnelle*®.

- Certifier vos formateurs en interne pour l'enseignement de nos contenus, faire appel à des consultants FranklinCovey ou employer nos contenus numériques pour aider vos participants à modifier leurs comportements en profondeur grâce au programme dont vous avez besoin.

- Avoir accès à un spécialise en implémentation certifié qui vous aidera à concevoir des parcours percutants pour un changement des comportements. .

- Organiser le contenu FranklinCovey en fonction de vos besoins professionnels spécifiques.

- Bâtir une expérience d'apprentissage commune dans toute votre organisation avec nos domaines de contenus fondamentaux, adaptés en 16 langues.

- Rejoindre des milliers d'organisations avec le All Access Pass pour implémenter des stratégies, réduire les écarts opérationnels, augmenter les ventes, stimuler la fidélisation des clients et améliorer l'engagement des employés.

Pour en savoir plus, rendez-vous sur

FRANKLINCOVEY.COM ou appelez le **1-888-868-1776.**

L'AVANTAGE CONCURRENTIEL ULTIME

FranklinCovey est une société internationale spécialisée dans l'amélioration de la performance des entreprises. Nous aidons les organisations à obtenir des résultats qui nécessitent des changements durables dans le comportement humain.

Notre expertise couvre sept domaines.

LEADERSHIP

Développer des leaders très efficaces qui poussent les autres à atteindre des résultats.

EXÉCUTION

Permettre aux organisations de mettre en place des stratégies qui nécessitent un changement dans le comportement humain.

PRODUCTIVITÉ

Aider les équipes à faire des choix optimaux et à les mettre en œuvre avec brio dans un contexte de priorités concurrentes..

CONFIANCE

Bâtir une culture de la collaboration et de l'engagement basée sur la confiance, avec pour conséquence une plus grande vitesse et des coûts réduits..

PERFORMANCE COMMERCIALE

Transformer la relation acheteur-vendeur en aidant les clients à réussir.

FIDÉLISATION DES CLIENTS

Mener une croissance plus rapide et améliorer la performance de première ligne avec des données précises sur la fidélisation des clients - et des employés.

ÉDUCATION

Aider les écoles à transformer leurs performances en mobilisant le meilleur de chaque éducateur et élève..

À PROPOS DE FRANKLINCOVEY FRANCE

Franklin Covey France a été créée en 2015 et aide les organisations et les entreprises françaises à améliorer leurs performances organisationnelles et leurs compétences en leadership. Nous sommes également responsables de la version française de l'ensemble des solutions FranklinCovey dans le monde de la francophonie et nous attachons une grande importance à apporter notre aide à la francophonie.

Notre expertise en France porte sur six domaines : le leadership, l'exécution, la productivité, la confiance, la performance commerciale et la fidélisation des clients. Parmi les clients de Franklin Covey France figurent plusieurs entreprises du CAC40 et de nombreuses petites et moyennes entreprises et plusieurs milliers d'individus ont déjà suivi nos formations, coachings et parcours de transformation. Découvrez-nous sur www.franklincovey.fr.

Pour plus d'information sur les problématiques que nous pouvons vous aider à résoudre, contactez-nous.

- Burhan Ocakoglu, Président Franklin Covey France / +33 6 24 60 67 46 / burhan.ocakoglu@franklincovey.fr.

- John Leary, Directeur et Associé, Franklin Covey France / +33 6 29 82 30 89 / john.leary@franklincovey.fr

Vous pouvez également nous découvrir sur les réseaux sociaux avec de nombreux témoignages, interviews de leaders d'opinion et études de cas.

- LinkedIn : franklincovey france

- Twitter : @ FranklinCoveyF

- Facebook : franklincovey-france

- Instagram : franklincoveyfrance

- YouTube : chaine FranklinCovey France

INSCRIVEZ-VOUS ET ÉCOUTEZ
L'ÉMISSION DE RADIO HEBDOMADAIRE ET LES PODCASTS DE SCOTT

FranklinCovey | **iHeartMEDIA**
THE ULTIMATE COMPETITIVE ADVANTAGE

Great Life, Great Career
HOSTED BY SCOTT MILLER

 Listen on **Apple Podcasts**   Listen on **Google Podcasts**   LISTEN ON **STITCHER**   Listen On **Spotify**

L'émission Great Life, Great Career With Scott Miller compile des idées brillantes, des principes éprouvés et des conseils d'experts qui vous aideront à aligner vos passions et vos talents sur votre objectif et votre mission.

FRANKLINCOVEY
ONLEADERSHIP
WITH
SCOTT MILLER

Rejoignez Scott Miller, le vice-président exécutif de FranklinCovey, pour des interviews hebdomadaires avec des leaders visionnaires, des auteurs de best-sellers et des experts de renommée mondiale sur les sujets de la culture d'entreprise, le développement du leadership, l'exécution et la productivité personnelle.

RETROUVEZ, ENTRE AUTRES, LES INTERVIEWS DE :

STEPHEN M. R. COVEY
LA VITESSE DE LA CONFIANCE®

KORY KOGON
THE 5 CHOICES®

SUSAN CAIN
THE QUIET REVOLUTION

LIZ WISEMAN
LES MULTIPLICATEURS

SETH GODIN
WORK THAT MATTERS FOR PEOPLE THAT CARE

DR. DANIEL AMEN
CHANGE YOUR BRAIN, CHANGE YOUR LIFE

Rejoignez la conversation permanente sur le thème du leadership :
FRANKLINCOVEY.COM/ONLEADERSHIP.

INVITEZ

SCOTT MILLER
À INTERVENIR
LORS DE VOTRE
ÉVÉNEMENT

Vous prévoyez un événement pour votre organisation ?
Invitez Scott Miller à donner un discours d'ouverture
percutant conçu sur mesure pour les leaders d'aujourd'hui,
dans vos événements :

- conférences
  d'associations ou
  de secteur

- séminaires des
  cadres et des
  comités de direction

- rencontres annuelles

- fonctions d'entreprise

- consulting en entreprise

- engagement clients

- conférences commerciales

Scott Miller a animé des centaines de conférences et
d'événements commerciaux dans le monde entier ainsi que
de nombreux podcasts et l'émission *Great Life, Great Career
With Scott Miller* sur iHeartRadio.

Pour inviter Scott Miller dès aujourd'hui,
appelez au
1-888-554-1776
ou rendez-vous sur **franklincovey.com**

Fondé en 2014, Mango Publishing publie une liste éclectique d'ouvrages signés par différents auteurs — des plumes nouvelles ou reconnues — sur des sujets variés allant du monde de l'entreprise au développement personnel, au leadership des femmes, aux études LGBTQ, à la santé et à la spiritualité, en passant par l'histoire, la culture populaire, la gestion du temps, l'organisation et le tri, le quotidien, le bien-être mental, le vieillissement et les modes de vie durables. Récemment, en 2019 et 2020, Publishers Weekly nous a attribué le titre de première maison d'édition indépendante à la croissance la plus rapide. Nous devons notre succès à notre objectif premier, publier des ouvrages de grande qualité qui séduisent les lecteurs et améliorent positivement leur vie.

Nos lecteurs sont au centre de nos préoccupations. Vos commentaires, suggestions et idées nous tiennent à cœur, alors n'hésitez pas à communiquer avec nous. Après tout, c'est pour vous que nous publions nos livres !

Merci de nous contacter et de nous suivre sur :

Facebook : Mango Publishing
Twitter : @MangoPublishing
Instagram : @MangoPublishing
LinkedIn : Mango Publishing
Pinterest : Mango Publishing
Newsletter : mangopublishinggroup.com/newsletter

Rejoignez la grande aventure de Mango et participez au renouveau de l'édition, un livre à la fois.